ZHONGGUOSHI XIANDAIHUA
YU GAOZHILIANG FAZHAN

中国式现代化与高质量发展

张占斌 著

人民出版社

目　录

前言　以高质量发展全面推进中国式现代化

党的十八大以来，以习近平同志为核心的党中央作出了推动高质量发展的战略决策和战略部署。推动高质量发展，最初是对经济领域提出的要求，后来逐渐扩展并覆盖至党和国家发展的方方面面，这是党中央进入新时代作出的重大战略选择。近些年高质量发展的理论与实践风生水起，广为国内国际社会所关注。党的二十大报告重申发展是党执政兴国的第一要务，强调高质量发展是全面建设社会主义现代化国家的首要任务。这更加聚焦了国内和国际的目光，并引起了方方面面的广泛热议。从党的二十大报告中，可以看到中国共产党坚定推动高质量发展的决心和意志，看到中国共产党坚定以高质量发展推动中国式现代化的决心和意志。在新发展阶段以中国式现代化全面推进中华民族伟大复兴，也就是要求以高质量发展全面推进中国式现代化。

中国式现代化呼唤高质量发展

在新中国成立以来特别是改革开放以来我国取得一系列发展成就的基础上，新时代十年党和国家事业取得了历史性成就、发生历史性变革，正从经济大国向经济强国迈进，已经具备加快构建新发展格局的综合优势，也具备了以高质量发展推进中国式现代化的攻坚能力。

其一，高质量发展就是坚持"发展是硬道理"的发展。党的十一届三中全会以后，全党把精力聚焦到社会主义现代化建设上来，开启了以经济建设为中心、大力推进改革开放的壮阔历程，推动着中国经济逐步发展起来，也推动着整个国家逐步富强、人民逐步富裕起来。中国特色社会主义进入新时代，中国式现代化的发展也进入了新时代。党深刻地认识到，我们取得如此伟大的成就得益于坚持了发展是硬道理，发展是党执政兴国的第一要务。历史画卷向我们明示了这样一个道理：能发展就不要阻挡，不发展就是最大的不安全。凡是发展好的时候，凡是坚定坚持发展的时候，我们整个国家的状态就好，事业就兴旺；凡是不重视发展的时候，凡是偏离发展主线的时候，我们的事业就面临曲折乃至遭到极大伤害。

其二，高质量发展就是坚持"以经济建设为中心"的发展。强调以经济建设为中心，这是我们党改革开放以来确定的社会主义初级阶段的基本路线，也是我们取得的成就的根本指引。《中国共产党章程》强调："中国共产党在领导社会主义事业中，必须坚持以经济建设为中心，其他各项工作都服从和服务于这个中心。"习近平总书记强调："以经济建设为中心是兴国之要，发展仍是解决我国所有问题的关键。只有推动经济持续健康发展，才能筑牢国家繁荣富强、人民幸福安康、社会和谐稳定的物质基础。"以经济建设为中心，可以牵动着其他方面的建设，带动其他方面建设，反之，离开了以经济建设为中心，或者是不重视以经济建设为中心，就会对其他方面的发展带来伤害。

其三，高质量发展就是坚持"以人民为中心"的发展。党的十八大以来强调以人民为中心的发展，这是因为实现人民对美好生活的向往是中国式现代化的出发点和落脚点，江山就是人民，人民就是江山。但现实中有的人有模糊认识，认为坚持以人民为中心的发展，那还要不要坚持以经济建设为中心呢？回答当然是肯定的，坚持以经济建设为中心与坚持以人民为中心是相统一的：坚持以经济建设为中心奠定了坚持以人民为中心的客观基础，是以人民为中心的根本前提；坚持以人民为中心必然要求通过坚持以经济建设为中心创造物质文化基础。

其四，高质量发展就是坚持"新发展理念"的发展。高质量发展，即能够很好满足人民日益增长的美好生活需要的发展，真正体现新发展理念的发展，使创新成为第一动力、协调成为内生特点、绿色成为普遍形态、开放成为必由之路、共享成为根本目的的发展，以及从数量追赶转向质量追赶，从规模扩张转向结构升级，从要素驱动转向创新驱动，从分配失衡转向共同富裕，从高碳增长转向绿色发展的发展。更明确、更简洁地说，高质量发展就是要从过去的"有没有"转向"好不好"，这是中国式现代化健康发展的必然要求。

深刻认识和把握中国式现代化面临的问题

当今世界正经历百年未有之大变局，我国面对着中华民族伟大复兴的战略全局，国际国内发展环境面临深刻复杂变化。中国式现代化不是空中楼阁，是需要高质量踏踏实实推进的。因此，以高质量发展全面推进中国式现代化是应对变局、危局和育新局、开新局的重要举措，具有突出的紧迫性和针对性。

其一，多年来积累的发展不平衡不充分问题。党的二十大报告回顾了过去5年的工作和新时代10年的伟大变革，特别是讲到了经济社会方面所取得的巨大的历史变化，指出了我国经济实力实现历史性的跃升。并且，对多年来积累的一些不平衡不充分问题也没有回避，比如推动高质量发展还有许多卡点瓶颈，科技创新能力还不强，确保粮食、能源、产业链供应链可靠安全和防范金融风险许多重大问题还需解决，重点领域改革还有不少硬骨头要啃，城乡区域发展和收入分配差距依然较大，群众的就业、教育、医疗、托育、养老、住房等方面面临不少难题，生态环境保护任务依然艰巨，等等。

其二，对经济建设作为中心工作认识的偏颇。从中国发展的实践来看，如果不能正确地确定"中心"，就不能够真正掌握和推动全局；如果离开经济建设这个中心，整个现代化事业的全局都会受到损害。习近平总书记指出，只要国内外大势没有发生根本变化，坚持以经济建设为中心就不能也不应该改变。这是坚持党的基本路线一百年不动摇的根本要求，也是解决当代中国一切问题的根本要求。然而，现实中一些地方存在着空喊口号，不敢作为、不想作为、不会作为的不良风气，热衷于应对上级的督导和检查，对经济缺乏热情、眉毛胡子一把抓，行政化方式惯性依然明显、市场化方式运用不平衡、不充分。特别是在当前经济弱复苏的背景下，推动经济增长的任务繁重，更应该端正以经济建设为中心的认识。

其三，落实以人民为中心发展的能力不足。实现好、维护好、发展好最广大人民根本利益是发展的出发点和落脚点。"十四五"期间，全体人民共同富裕要迈出坚实步伐，2035 年，全体人民共同富裕要取得更为明显的实质性进展，让经济社会发展成果更多更公平惠及全体人民，不断增强人民群众获得感、幸福感、安全感，这些都离不开高质量发展。为此，坚持以人民为中心发展必须自觉主动解决地区差距、城乡差距、收入差距等问题，坚持在发展中保障和改善民生，统筹做好就业、收入分配、教育、社保、医疗、住房、养老、扶幼等各方面工作。这些方面的工作都是我们中国式现代化前行中的堵点和痛点，有些地方有些干部在破解这些难题上感到束手无策、能力欠缺。

其四，全面贯彻落实新发展理念还不到位。理念是行动的先导，一定的发展实践都是由一定的发展理念来引领的。新发展理念是一个整体，必须完整、准确、全面理解和贯彻。然而，不少地区存在理解和贯彻新发展理念不够到位的情况。一方面，贯彻落实新发展理念不是不重视速度，高质量发展也是有一定速度要求的。有的人认为高质量发展可能速度就放缓了，甚至因为低速度才能高质量，这是不正确的。从满足人民美好生活需要、确保国家安全、化解经济风险和中美战略博弈等多方面考虑，经济增长必须有一个适当的速度。另一方面，贯彻落实新发展理念未能从系统性、整体性的角度把握，存在着偏执一方、畸轻畸重的问题。

以"六个坚持"破解高质量发展难题

以高质量发展推进中国式现代化，首先要把握好习近平新时代中国特色社会主义思想的世界观和方法论，坚持好、运用好贯穿其中的立场观点方法，着力破解高质量发展的难题。

其一，必须坚持人民至上，扎实推动共同富裕。中国式现代化是全体人民共同富裕的现代化。坚持以经济建设为中心、推动高质量发展，与坚持以人民为中心二者是相统一的，集中体现在了推动共同富裕伟大历史进程上，也就是坚持实现"生产将以所有的人富裕为目的"。这是世界性难题，但是我们是中国共产党领导的社会主义现代化，一定要坚守初心使命，把好事办好，争取取得好成绩。

其二，必须坚持自信自立，走自己的发展道路。中国式现代化以往取得的成就靠的是坚持"两个结合",一切从国情出发、从实际出发,大胆解放和发展生产力,调动市场主体的积极性,努力实现自立自强。中国式现代化事业继续向前推进,仍然要坚守历史的经验,独立自主、自力自强。我们既总结国内成功做法,又借鉴国外有益经验,既不闭门造车,也不邯郸学步,既海纳百川、胸怀天下,又坚定自信、脚踏实地,把发展的安全和命运掌握在自己手里,走出自己的现代化发展道路。

其三,必须坚持守正创新,发挥制度和治理的优势。要进一步解放思想,实事求是,敢闯敢干。破除官僚主义、命令主义、形式主义,推动社会主义市场经济体制改革不断深化。当前和今后要重点处理好政府、市场和社会的关系,发挥政府、市场和社会的综合比较优势,坚持"两个毫不动摇",切实解决"资本忧虑、资本躺平"等突出问题,依法保护民营企业产权和企业家权益,调动民营经济的积极性,促进民营经济发展壮大。加快国有企业改革,加快战略性调整和布局,建设世界一流企业。

其四,必须坚持问题导向,聚焦面对着的深层次难题。当前经济呈现弱复苏特征,国家和企业方方面面都有不少困难,需要破解很多堵点痛点难点。比如,怎样完善宏观经济政策,凝聚人心来改善市场预期?比如,如何推动市场主体的活跃来解决更多的就业难题,努力推动城乡居民收入普遍增长?比如,如何加快数字技术和数字经济的发展,抢占国际竞争的制高点?比如,如何构建市场化、法治化、国际化的营商环境,建设高标准市场体系?希望各方面弘扬"四千"精神:走遍千山万水、说尽千言万语、想尽千方百计、吃尽千辛万苦,创造中国经济发展的新赛道、新形态、新模式。

其五，必须坚持系统观念，全面系统推进改革发展。前瞻性思考、全局性谋划、整体性推进，是全面深化改革的内在要求，也是中国式现代化的时代呼唤。着力提升全要素生产率，推动经济实现质的有效提升和量的合理增长，努力实现人均 GDP 达到中等发达国家水平的目标。着力实现高水平科技自立自强，努力实现进入创新型国家前列的目标。着力提升产业链供应链韧性和安全水平，加快形成新发展格局，努力实现建成现代化经济体系的目标。着力推动绿色低碳转型，努力实现碳达峰后稳中有降的目标。

其六，必须坚持胸怀天下，不断深化对外开放。中国式现代化是走和平发展道路的现代化，蕴含着包容开放之道，致力于构建人类命运共同体。现在，方方面面都有一个如何构建更高水平开放型经济体制的问题。这也是依托我国超大规模市场优势，与国内大循环吸引全球要素资源，增强国内国际两个市场两种资源联动效应，提高在整个世界经济的竞争力和话语权的重大问题。必须不断深化对外开放，推动体制机制创新，实现由商品和要素自由流动为主的流动型开放向规则导向的制度型开放转变。希望海南自由贸易港和 21 个国内自由贸易区发挥当年改革开放初期的敢想敢干敢闯的精神，竖起世界顶级水平的标杆，走在扩大开放的时代前列。

第一章　中国式现代化新道路的创造

现代化是从传统的农业社会向现代工业社会、再向信息社会和更高阶段社会转型的历史发展过程，从 14 世纪的文艺复兴开始，世界各国都在不懈追求现代化。一百年来，中国共产党领导中国人民，坚持和发展中国特色社会主义，创造了中国式现代化新道路，创造了人类文明新形态，为人类探索现代化道路作出新贡献。中国式现代化，是中国共产党领导的社会主义现代化，是人口规模巨大的现代化，是全体人民共同富裕的现代化，是物质文明和精神文明相协调的现代化，是人与自然和谐共生的现代化，是走和平发展道路的现代化①。"必须坚持以中国式现代化推进中华民族伟大复兴，既不走封闭僵化的老路，也不走改旗易帜的邪路，坚持把国家和民族发展放在自己力量的基点上、把中国发展进步的命运牢牢掌握在自己手中"②。把握中国式现代化的特征，有助于理解中国式现代化的优势，进而为全面建设社会主义现代化国家提供启发性思考。

① 参见习近平：《高举中国特色社会主义伟大旗帜　为全面建设社会主义现代化国家而团结奋斗——在中国共产党第二十次全国代表大会上的报告》，人民出版社 2022 年版，第 22、23 页。

② 《习近平在省部级主要领导干部"学习习近平总书记重要讲话精神，迎接党的二十大"专题研讨班上发表重要讲话强调　高举中国特色社会主义伟大旗帜　奋力谱写全面建设社会主义现代化国家崭新篇章》，《人民日报》2022 年 7 月 28 日。

一、中国式现代化与中国的现代化关系

　　党的二十大报告站在中华民族伟大复兴战略全局的高度来谈中国式现代化。中国式现代化，是跟中国共产党连在一起的，是跟中国共产党密切相关的，或者可以说，"中国式现代化"是中国共产党的一个专属名词，中国共产党拥有"中国式现代化"的自主知识产权。中国式现代化是和中国共产党的诞生、奋斗发展、不断进步、走向辉煌连在一起的。有人会问，中国共产党诞生之前有没有现代化呢？我们说，中国共产党之前也是有现代化的，近代国门被打开之后，中国人民在睡梦中惊醒，朦朦胧胧地开始睁眼看世界，开始了现代化的探索，但是，这种探索不叫"中国式现代化"的探索，而是"中国的现代化"的探索，或称为"旧式的现代化"。

中国式现代化与中国的现代化是什么关系

　　西方发动的鸦片战争，使中国近代社会发生了巨大变化，清代李鸿章兴建北洋水师时给皇帝的奏章中就说，现在的世界使我们面临着"三千余年一大变局也"。我们三千多年来都是农业社会、农业文明，人们靠种地为生，突然发现在中国之外还有个工业社会，突然发现我

们的冷兵器打不过热兵器，这对国人来讲震动实在是太大了。后来抗美援朝战争胜利，彭德怀元帅回国述职时说，抗美援朝战争的胜利宣告了西方列强在中国东部沿海摆上几尊大炮，就可以霸占一个国家的时代结束了。

我们上学时学近代史，那段屈辱史让人学得很郁闷，后来老师说，将来学古代史的时候就会好一点。果然学完了近代史再回头学古代史，感觉就好太多了。近代史确实让人感觉到伤痕累累，整个民族都在悲愤中、在刚刚苏醒中思考国家的发展道路。面对破败的国家，有很多人想救这个国家，也出现了很多能干的人。但是强国的探索，总体上讲没有成功。洋务运动、戊戌变法都失败了，李鸿章、康有为、梁启超，再往后孙中山领导的辛亥革命，实际上是引进西方的宪政，最后也没有真正的成功。这些探索，是一种旧式的对现代化的探索，之所以不能成功，是因为没有一个先进的政党来领导，没有先进的理论作引领，不能解决中国的实际问题，或者说脱离了中国的实际问题。中国共产党领导的中国式现代化之所以能够成功，一个很大的优势就是动员了广大人民的参与，是中国共产党领导了亿万人民的一场运动，而旧时的中国现代化探索，主要是上层政治精英、一些权贵阶层所发动的，他们没有能力把人民动员起来。在近代史上，很多志士在那个黑暗的时代找不到国家的出路，像思想者陈天华为此痛苦不堪，蹈海殉国。他们走的路、产生的经验教训，对我们思考国家的现代化有非常重要的意义。

中国共产党的成立，代表着中国人民的精神、中国的现代化建设，从被动转为主动。中国共产党领导的主动的现代化，它和旧式的那种被动的现代化有很大区别。旧式的现代化带有很大的落后性、保守性、片面性、局限性，难以解救这个国家。找到一条新路，这个任务历史地落到了中国共产党肩上。中国共产党成立以后，就把致力于民族复兴和人民幸福的伟大责任担在了肩上。中国共产党面临着很大的问题，首先得推翻帝国主义、封建主义、官僚资本主义这三座大山。中国共产党通过28年的新民主主义革命，拿到了话语权，执掌了政权，为领导开启中国式现代化之路打开了前进通道，清除了障碍，确实是改天换地。所以说中国式现代化形成于中国的现代化发展历程，从旧时的现代化中总结了经验，吸取了教训。中国共产党在追求现代化的过程中，没有像旧式现代化那样全盘西化，或者是要维护封建统治阶级的利益，而是主动地探索已经被实践证明了的一个现代化的整体方案，是主动把命运掌握在自己手里的艰辛探索。而旧时的现代化是被动的甚至有点慌乱，是想完全照搬西方的一套东西来解决中国问题，但是这条路不太适合中国的国情。中国共产党意识到还得从中国国情出发，从中国实际出发，从中国民众出发来思考现代化道路。所以中国式现代化是中国共产党领导的社会主义的现代化，这与中国的现代化有明显的区别。

（一）中国式现代化与中国式现代化道路的关系

"中国式现代化"与"中国式现代化道路"这两个概念在党的文件中、在习近平总书记讲话中经常出现，需要把它们的关系讨论清楚。

总的来看，"中国式现代化"这个概念更大一些，比"中国式现

中国式现代化
与中国式现代
化道路是什么
关系

代化道路"要大，有着更为宽广的内涵和外延。中国式现代化可以作为一个总体性的概念，包括对中国式现代化道路、中国式现代化的理念、中国式现代化的理论、中国式现代化的目标、中国式现代化的制度、中国式现代化的文化等多重内容的总结提炼和概括。

这两个概念单独出场的时候，中国式现代化道路可以等同于中国式现代化。但同时出场时，中国式现代化的概念更大一些。总体上这两个概念都是中国共产党带领中国人民，根植于中国国情作出的道路选择，都是我们按照自己的努力探索出来的一条具有中国特色的现代化道路，也是一条符合中国实际的发展道路。

"文化大革命"结束以后，中国面临道路选择。我们党有一位著名的农村政策专家杜润生，改革开放初期的五个中央一号文件都是他带领着相关领域的专家一起研究后，经中央发布出来的。杜润生说，"文化大革命"结束后中国面临着三条道路选择，一条是继续学习苏联的计划经济，走老路；一条是走西方的道路；邓小平既没有走老路搞计划经济，也没有走西方的路，而是走了一条新路，开辟了一条自己的道路。三种方案中，小平的方案是最好的。这条路我们后来把它概括成中国特色的社会主义道路，实际上也就是现在讲的中国式现代化道路。这条道路符合中国的实际情况，是从我们的国情出发的，同时也学习了西方现代化的一些经验和好的做法，所以这条道路对推动我们国家真正地站起来、富起来乃至向强起来迈进都具有非常重要的意义，值得我们通过历史的比较和国际的比较，加深对这个问题的理解。

（二）中国式现代化与全面建设社会主义现代化国家的关系

"十四五"开启了全面建设社会主义现代化国家的新征程，党的二十大实际上是对全面建设社会主义现代化国家作了一个总体部署，特别是对最近这五年作了非常详尽的部署，同时对 2035 年、本世纪中叶也作了一个展望，我们已经进入到了一个全面建设社会主义现代化国家的阶段。

中国式现代化与全面建设社会主义现代化国家是什么关系

首先，全面建设社会主义现代化国家是对以往现代化建设的全面总结和提升。有人可能会问，以前不全面吗？我们说以前确实不能叫"全面"。回顾一下中国的历史，新中国成立后我们面临着很多事情，一开始都还不能叫社会主义，而是叫新民主主义社会。因为我们的整个经济基础，是汪洋大海般的小农经济，经过好多年的探索，到 1956 年社会主义改造完成后，才真正进入社会主义社会。

在这段历史探索中，毛泽东、周恩来等国家领导人开始对国家现代化进行设计，最早提出了包括工业、农业、交通运输业和国防在内的四个现代化，这是在 1954 年全国人大一次会议上提出来的。后来到 60 年代的时候，又把这四个现代化修改成工业、农业、国防和科学技术现代化，交通运输业现代化取消了，这个变化是因为新中国成立时，没有像样的路，东西运不出来，所以那时候觉得交通运输很重要，建设了几年以后发现，还有比它更重要的东西，就把科学技术加进去了。四个现代化是有限的现代化，现代化不光有四个，可能是 n 个，但是当时限于国力，生产力发展的水平还不是很高，中国共产党也是刚刚执政，还有很多的事情需要平衡，就先挑四个觉得最重要的事干，把这四个事干好了，将来我们再干第五个、第六个。当然这四个，是举足轻重的四个，是最紧迫、最重要、最关键、最基础的四个。

到了邓小平的时候就换了一个说法，叫"中国式的现代化"。这个概念实际上就是想突出现代化有我们自己的国情和特点，和西方的现代化不太一样，另外也强调我们的现代化跟西方是有差距的。邓小平通过对国际社会和中国历史的理解，觉得要建成一个现代化国家，乃至全面建成一个现代化强国，可能需要更长的时间。所以，他就把"小康社会"提上了日程。按照邓小平当时的设想，20世纪末人均国民生产总值达到800—1000美元就算到了小康水平。按照这个标准，上个世纪末实现了。接着经过21世纪前二十年的努力，我们由基本小康、总体小康变成了全面小康。这个任务的完成，意味着中国共产党和中国人民拿到了一张全面建设社会主义现代化国家的入场券。我们进入了一个新的时代，新的发展阶段，可以全面地开展社会主义现代化国家的建设。

其次，全面建设社会主义现代化国家是对现代化建设机遇与挑战的全面把握。现代化给人类社会带来很大的进步，但是在行进的路上还是有风险、有挑战的。现代化意味着整个国家经济社会的变迁和转型，比如说要从传统农业社会转到现代工业社会，或者说从现代工业社会再转到信息社会，这里面会发生很多很大的变化。当年李鸿章说的三千年未有之变局，那是农业社会面对工业化的变化，考验是极大的。那时的中国人没有几个懂机器的、会开汽车的，巨大的变化摆在人们面前，包括人的生产方式、生活方式都发生很大的变化，需要重新学习、重新认识。变化的过程中一定会有风险和挑战，甚至社会也会出现不稳定状态，要求执政党也好，领导集团也好，要对现代化进程进行把握。另外，古老的中国社会是比较封闭的，而现代化是要求开放，要求和全世界进行交流，全面地跟世界交往。这也会面临着很多挑战，语言文化、生活方式、制度法律等的差异，需要人们不断地通过交流合作来消除分歧和摩擦，维护世界的和平、进步和发展。所以对于我们来讲，需要全面把握机遇和挑战。

再次，全面建设社会主义现代化国家，是对现代化建设目标的全面追求和实现。"全面"意味着要求会比过去高很多，对我们党员干部和群众也都提出了更高的要求。党的执政能力需要加强，每个人的素质也要提高，政治、经济、文化、社会、生态各方面都得往好的方向走。这不是一个单向的问题，不但要求经济搞得好，天也是更蓝的，水更清的，草更绿的才行。政治上是民主政治，人民有更大的参与权、话语权，人民关心国家事务，对国家的重大建设要提出建议，执政党以及相关治理机构要及时地回应人民群众的诉求等等，这些都要体现"全面"的要求。

最后，全面建设社会主义现代化国家是社会主义初级阶段的一个全面跃升。1987年党的十三大提出了我们处在社会主义初级阶段的理论，当时讲社会主义初级阶段包含两层含义，第一层含义是我们是社会主义国家，必须坚持社会主义道路，明确社会主义属性；第二层含义是我们的社会主义建设时间短，生产力水平还不高，属于初级阶段，我们还得撸起袖子加油干。这个理论的隐含意思是，我们还有很多不完善的地方，要求我们继续通过改革和开放推动生产力的发展。社会主义初级阶段理论为改革开放奠定了一个坚实的理论基础。那么社会主义初级阶段大概多长时间呢？党的十三大报告讲的是，从20世纪50年代到社会主义改造基本完成，再到21世纪中叶大概100年的时间，至少100年的时间都属于社会主义初级阶段。

如今，我们已经走过了21世纪的前二十年，国家的发展越来越好，一个很重要的问题就出现了，等到了本世纪中叶，还是不是社会主义初级阶段了？习近平总书记在一次讲话中也谈到了这个问题，他说，社会主义初级阶段不是一成不变的，不是静止的，它每天都在变化，每天会产生大量的量变，大量的量变会促成某一部分的质变，不断地质变加上越来越多的质变，将来就可能形成更高级别的质变，社会主义初级阶段将跃上更高的台阶，晋升到更高的阶段。社会主义初级阶段要实现全面的跃升，将来跃上更高的阶段，这呼唤我们，全面建设社会主义现代化国家，要有丰功伟绩，每个人都来添砖加瓦，要有最好的成绩摆在面前，才可能跃升到一个新的阶段。任务是非常光荣的，如果干得好，有助于我们向更高阶段跃升。"跃升"这个重要的政治判断，到哪一天、什么时间实现，这是由党中央来决定的。

二、中国式现代化的丰富内涵与价值意义

习近平总书记在党的十九大报告中指出，从全面建成小康社会到基本实现现代化，再到全面建成社会主义现代化强国，是新时代中国

特色社会主义发展的战略安排。

党的二十大报告进一步讲了中国式现代化的理论和实践，并特别强调，中国式现代化是中国共产党领导的社会主义现代化，不是别的党领导的，就是中国共产党领导的；不是搞别的主义的现代化，就是社会主义的现代化。这一句话实际上也是中国式现代化的本质体现，虽然报告中没说这是中国式现代化的本质，但实际上说的就是这个意思。党的二十大报告提到中国式现代化，既有各国现代化的共同特征，更有基于自己国情的中国特色。对这两句话，我们需要作一点分析。中国共产党领导的社会主义现代化，就是我们最大的特色。这一点也是现代化不断推进和成功的重要保障，不能偏离了这个特色。

党的二十大报告还提到，中国式现代化是人口规模巨大的现代化，是全体人民共同富裕的现代化，是物质文明和精神文明相协调的现代化，是人与自然和谐共生的现代化，是走和平发展道路的现代化。这是对其特征的概括，中国式现代化是中国共产党带领人民苦苦探索出来的，既不是西方的翻版，也不是苏联模式的再版，也不是我们从教科书里头抄来的，是中国共产党付出了很大代价和牺牲在实践中探索出来的，是中国共产党自主的现代化或者主动的现代化，而不是被动的现代化。前面我们说过，旧式的现代化是一种被动的现代化，是把整个中国纳入西方体系的一个现代化，是慌慌张张在睡梦中惊醒中的一个现代化，它有很多缺点，没有干成。中国共产党领导的社会主义现代化是一个非常清醒的、理性的现代化，是自主的现代化，是自己把握命运的现代化，因此是一个主动的现代化。但是我们这些特点，也不是说就跟世界现代化不相容。各国现代化有它相同的特征，比如说要实现现代化得搞工业化，没有哪个国家不搞工业化就能真正实现现代化，中国共产党也是从百年探索中感受到了工业化的重要性，我们也要适应人类社会产业发展的规律，通过工业化的推进来创造更大的物质财富，因此毛泽东在西柏坡的时候就说我们进了城以后就要把落后的农业国变成先进的工业国。近代中国国门被打开的一个很重要的道理，就是农业干不过工业化，农业文明干不过工业文明，落后激发了我们要致力于工业化的努力。那么搞工业化，同时也得搞信息化，随着信息技术、人类科技的发展，应当说信息革命包括现在我们讲的数字化、信息化、智能化，这些都是大家共同追求的东西。如果我们不追求，可能就被别人抢占了制高点。前面我们说了我们要搞城镇化，国外叫城市化，只有不断地推进城市化或者城镇化，这个国家才能不断地有更多的人摆脱农业，进入工业社会或者信息社会，才能更好地实现人的发展。同时我们也搞市场化，发展市场经济，市场经济不单是西方独有的，我们中国社会主义也可以用，也可以让它为我们服务，政治上我们有底线、有诉求，但是经济方面，我们应该最大程度地跟国际接轨。

现代化是一个运动过程，是整个人类的运动过程，中国也不可能脱离于世界现代化的范围之外，世界现代化的运动过程对中国现代化会产生影响，同时中国式现代化也会对世界现代化产生影响。现代化是一个世界性的运动，要求我们国家也要更大程度地开放，更高水平地开放，在开放中我们才能更好地建设现代化。

像这些共同的特征，我们觉得都应该更好地遵循。在庆祝中国共产党成立 100 周年大会上，习近平总书记提到我们坚持和发展中国特色社会主义，推动物质文明、政治文明、精神文明、社会文明、生态文明协调发展，创造了中国式现代化新道路，创造了人类文明新形态。在这么重要的场合，第一次把中国式现代化道路和人类文明新形态这些重大关系揭示出来。再往后就是党的十九届六中全会、党的二十大都对现代化问题作了解释，特别是二十大报告中讲到了中国式现代化的九条本质要求，坚持中国共产党领导，坚持中国特色社会主义，实现高质量发展，发展全过程人民民主，丰富人民精神世界，实现全体人民共同富裕，促进人与自然和谐共生，推动构建人类命运共同体，创造人类文明新形态。这九条把中国式现代化的目标、方向包括行进的路径都清晰地勾画出来，我们搞中国式现代化就要把这九条当成一面镜子，每天照一照，不断地在这方面丰富和发展，做出新的业绩，更好地推动中国式现代化的发展。

（一）中国式现代化的内涵

　　中国式现代化是中华民族伟大复兴的现代化。这是整个近代以来中国人民的一个伟大梦想，中国共产党带领人民要努力地去实现这个梦想。

中国式现代化的内涵

　　中国式现代化是党领导的社会主义式现代化。这种党领导的社会主义现代化模式和欧美的模式还有苏联的模式是不一样的，它是中国方案、有中国特点，体现了中国智慧、中国气魄、中国胸怀和中国尊严。

　　中国式现代化是独立自主、自立自强式现代化。过去我们国家在那么困难的条件下，很多科研人员献身国家科技和国防事业，成功地搞出了"两弹一星"。这种精神支持着我们不断前行,我们要通过自己的努力来建设一个独立自主、自立自强的国家,把发展的命运掌握在自己手里,也就是中国的事情由中国人说了算、由中国人来解决,只有这样中国人民才是真正地站起来富起来强起来,所以我们在创新方面特别是科技创新方面一定要努力,一定要想办法走在世界前列。

中国式现代化是后发赶超的并联式现代化。这个并联的说法是习近平总书记讲的,借用了物理学的一个概念,说中国是并联,西方是串联。西方几百年来慢慢悠悠地先搞工业化,再搞城镇化,然后农业现代化、信息化,总体上就是按照顺序发展,工业化带来的一些社会问题,他们有充分的时间来消化处理。我们相比他们用的时间要少,所以我们工业化、城镇化、农业现代化、信息化是叠加在一起的,或者说一个也不能少,同时得干几个事,这就对我们提出了更高的要求。但是中国还必须得完成这样艰巨的任务,这就要求我们党的领导要更加坚强,我们的干部也要提高能力水平。后来者也有后发的好处,可以向先行者学习,可以少走弯路,有的时候还可以弯道超车实现赶超。

中国式现代化是人和社会全面发展式现代化。我们现在追求的现代化比以前所认识的或者要求的方面大大提高。我们推动物质文明、政治文明、精神文明、社会文明、生态文明几个文明都要协调发展,为的是推动人的全面发展和社会的全面进步,就像马克思当年所设想的,将来一个更美好的社会将实现每个人的自由发展、全面发展。应当说我们也在努力向这个方向前进,每走一步都希望人的全面发展、社会的全面进步。

中国式现代化和我们近代旧式的现代化是有区别的。旧式的现代化有落后性、保守性、盲目性、片面性等等，是被动的，按照西方的方式来；中国式现代化是主动的，是在中国共产党领导下主动地推动社会主义的发展。中国式现代化走的是以人民为中心的现代化道路，坚持的是人民至上；西方式现代化是以资本为中心，是资本逻辑的现代化。习近平总书记讲我们不向任何利益集团妥协，中国式的现代化，就是为人民服务、就是以人民为中心。

（二）中国式现代化的路径

以高质量发展和高品质生活为时代主题。在新发展阶段，贯彻新发展理念，构建新发展格局，我们盯着的就是高质量发展。高质量发展的目的是为了实现人民的高品质生活，所以我们把这些作为奋斗主题。

中国式现代化的路径

以深入贯彻落实新发展理念为指导原则。深入贯彻落实新发展理念，用创新、协调、绿色、开放、共享来解决发展的动力问题，发展的不平衡问题、环境问题、内外联动问题和社会公平正义问题等。

以加快构建新发展格局为基本路径。党中央提出构建新发展格局是立足新发展阶段作出的一个重大的战略选择，也是应对国内外错综复杂的形势环境，是贯彻新发展理念的主动作为，也是更好地发挥我们大国经济优势，更好地挖掘我们超大规模市场优势而作出的一个战略部署，需要我们高度重视。这次党的二十大报告特别单独拿出一个篇章来讲。加快构建新发展格局，着力推动高质量发展，强调要构建高水平的市场经济体制，要建设现代化的经济体系，要把发展的重点放在实体经济上，要更好地发展数字经济，打造数字经济产业集群等表述，都对加快构建新发展格局提出了更高的要求，包括最近一段时间党中央又提出了扩大内需战略实施纲要，相关的一些规划也都下发了，也是希望能够通过深化供给侧结构性改革和扩大内需战略更加紧密地结合，更好挖掘中国市场，公众也特别期待。希望在三年新冠疫情之后，中国经济能有一个更快的发展，把过去因为疫情等原因带来的损失补上，加快促进国内经济循环，加快构建超大规模的国内市场，增强战略主动，提高国际竞争的新优势。

以全面深化改革开放为强大动力。那么动力怎么来呢？我们说动力来自全面深化改革扩大开放，要进一步坚持社会主义市场经济方向。党的二十大报告以及最近召开的中央经济工作会议都强调了这一点，而且对社会上有些片面的甚至错误的议论进行了批驳。要坚持社会主义改革方向、市场化改革方向不动摇，同时要进一步提升对外开放水平，建设更高水平的市场经济体制、开放型经济体制，要加快重点领域和关键领域的改革，持续增强我们国家发展的动力和活力，这方面我们还有很多事情需要干，包括高水平建设海南自由贸易港，21个自由贸易试验区，推动高质量的"一带一路"建设等。

以提升国家治理效能为制度重点。要健全社会主义民主政治，完善国家行政体系，提高社会治理水平，建设防范化解重大风险的体制机制。总的来说，就是把我们治理的制度优势变成治理效能，同时对有些制度的缺陷抓紧完善抓紧补充，更好地推动制度的集成创新来提高国家治理现代化的能力和水平。

（三）中国式现代化的意义

中国式现代化具有重大的历史意义和现实意义。我们从以下四个方面讨论。

中国式现代化
的意义

在中国现代化史上具有重要意义。中国式现代化解决了过去旧式现代化的茫然失措、曲折反复的难题，把一个被动的现代化变成了中国共产党领导的走社会主义道路的一个主动的现代化，在这条正确的路上，我们看到了中华民族伟大复兴的光明前景。

在世界现代化史上具有重要的意义。西方国家由于科技革命率先发生，工业化较早，所以他们有一种优越心理，即欧洲文明中心论的思想，他们甚至认为工业化就等同于现代化，现代化就等同于西方化，希望甚至要求中国和一些发展中国家向他们靠拢，跟着他们学就行了。实际上我们中国过去也是跟着学，没少学，但是走不下去走不通。我们在中国共产党的领导下，走社会主义道路走通了，走出了一个不同于西方现代化模式的新的道路，打破了西方现代化的唯一标准，打破了它的唯一定式，也为发展中国家鼓舞了信心，提供了一个新的选择，同时也带动了一些发展中国家实现群体性崛起，世界格局东升西降的历史变革正在展开。

在社会主义发展史上具有重要意义。过去我们觉得社会主义就是计划经济、公有制、按劳分配，这三元素从苏联学过来，后来搞成了高度集中的、僵化的计划经济体制，严重损害了社会主义制度的优越性，束缚了生产力的发展，抑制了人们的积极性，后来我们选择了改革开放的道路。苏东剧变后，苏联东欧国家全部倒向西方。1992 年邓小平发表了南方谈话，他呼吁我们要继续坚持改革开放不动摇，要继续解放思想和发展生产力，摆脱那种贫穷的社会主义。他呼吁社会主义的本质就是要逐步实现共同富裕，不能搞两极分化，他同时也讲发展是硬道理，隔几年要争取上一个台阶。而且他强调要警惕右，但主要是防止"左"，要以更大的决心来改革、来开放。他还说苏联解体、东欧剧变，有的人认为社会主义不行了，马克思主义不行了，哪有这回事！他相信将来社会主义一定行，马克思主义一定行，相信社会主义、相信马克思主义的人会多起来。他也告诫说，从现在起到下个世纪中叶，将是中华民族很要紧的时期，我们身上的担子重，责任大。

邓小平的南方谈话发表以后，确实像东方风来满眼春，给社会主义注入了新的生机和活力，当年在邓小平的强力推动下，党的十四大报告提出，我国经济体制改革的目标是要建立社会主义市场经济体制。这是一个伟大的创造。也正是因为我们建立了这样一个体制，增强了社会主义制度的弹性和韧性，给历经磨难的社会主义制度注入了新的生机和活力，之后进一步地扩大开放，进一步地坚持改革开放不动摇，不断地把中国式现代化推向前进。我们在社会主义发展史上，为科学社会主义争得了荣光，也让科学社会主义在中国大地上重新焕发了生机和活力。

在人类文明发展史上具有重要意义。中国式现代化对人类实现现代化道路的探索作出了中国的贡献，彰显了人类文明发展是具有多样性的。西方有些人觉得跟他们一样才是文明，跟他们不一样就是不文明，这一点我们中国人不赞同。我们也承认有西方文明，你有你的文明，我们也有我们的文明，春天的时候不是一花独放，而是百花齐放春满园。中国共产党探索中国式现代化道路证明了人类文明有多样性，世界互相融合互相影响，才是全人类共同的发展，才能为人类文明发展作出更大的贡献。

三、中国式现代化的显著特征

中国式现代化既具有现代化的一般特点，又具有中国式的特殊之处。我国的现代化是人口规模巨大、全体人民共同富裕、物质文明和精神文明相协调、人与自然和谐共生、走和平发展道路的现代化[①]，具有世界性、主动性、全面性、协调性等特征。

（一）中国式现代化具有世界性

中国式现代化是社会主义现代化，是世界现代化的重要组成部分。世界现代化既会影响中国，中国现代化也会影响世界，中国在推进自身现代化的同时，促进了世界现代化的发展。

从表层看，世界现代化要求经济社会发展到一定水平。根据美国社会学家英格尔斯提出的理论，衡量世界现代化的指标包括人均国民生产总值（GDP）、农业产值占比、非农就业占比、服务业占比、城镇化率、大学普及率、平均寿命、成人识字率、医生情况和人口自然

---

① 参见习近平：《新发展阶段贯彻新发展理念必然要求构建新发展格局》，《求是》2022年第 17 期。

增长率等，一个现代化的社会，需要上述指标达到较高水平。人类社会大致经历了工具时代、农业时代、工业时代和知识时代等文明进程，如果说从农业社会转型为工业社会是第一次现代化，那么，从工业社会转型为知识社会就是第二次现代化。目前，有部分国家已经完成第一次现代化，正经历第二次现代化，少数国家基本完成第二次现代化，开始向更高阶段转型。根据中国科学院中国现代化研究中心发布的 2018 年世界现代化指数，考虑第一次和第二次现代化，综合现代化指数排名靠前的国家为丹麦（100）、荷兰（99.7）、比利时（99.5）、瑞典（99.4）、德国（98.2），美国综合现代化指数为 96，排在第 9 位，中国综合现代化指数为 47.6，排在第 65 位。

从深层看，世界现代化致力于实现"人的自由而全面发展"。按领域划分，世界现代化包括经济、社会、文化、生态、农业、工业等方面，归根结底是人的现代化。物质财富极大丰富、人民精神境界极大提高、每个人自由而全面发展，是马克思主义最崇高的社会理想，也是世界现代化的应有之义。世界现代化要实现人的全面发展，人的全面发展包含物质满足、精神满足和身心与能力的全面发展。世界现代化要实现人的自由发展，是"相互教育的自由人的联合体"，"个人以整体的生活为乐事，整体则以个人的信念为乐事"①，个人作为个人参加联合体，个人的存在摆脱人对物的依赖，成为独立的、有个性的个人②。在世界现代化进程中，既要充分发挥人的主观能动性，运用

---

① 《马克思恩格斯全集》第 1 卷，人民出版社 1995 年版，第 217 页。
② 参见叶汝贤：《每个人的自由发展是一切人的自由发展的条件——〈共产党宣言〉关于未来社会的核心命题》，《中国社会科学》2006 年第 3 期。

人的主观能动性促进世界现代化，也要在世界现代化进程中不断增强人的主观能动性，实现二者良性互动。

（二）中国式现代化具有主动性

我国是拥有 14 亿多人口的发展中国家，实现现代化不能被动依靠外在因素，要主动挖掘内在因素，实现人口规模巨大的现代化。

一方面，中国式现代化是基于中国共产党多年探索的主动选择。自 1840 年鸦片战争以来，许多仁人志士积极探索中国的现代化道路。辛亥革命后，只能被动接受西方的现代化模式，表现为经济上完全效仿西方工业化路径，政治上完全照搬西方政治体制，文化上完全尊崇西方文明，是外源式的现代化，而非根据本国国情和历史背景选择的内生性的现代化。[①] 世界上既不存在定于一尊的现代化模式，也不存在放之四海而皆准的现代化标准，中国共产党经过多年探索，走出了一条适合中国的现代化道路。新民主主义革命时期，推翻帝国主义、封建主义、官僚资本主义"三座大山"的压迫是社会主要矛盾，中国共产党领导中国人民经过艰苦卓绝的奋斗，建立了中华人民共和国，为中国式现代化奠定了独立基础；社会主义革命和建设时期，对农业、手工业、资本主义工商业进行社会主义改造，进行社会主义革命，推进社会主义建设，为中国式现代化奠定了政治前提和制度基础；改革开放和社会主义现代化建设新时期，不断解放和发展生产力，为中国式现代化提供了体制保证和物质基础；进入中国特色社会

---

① 参见张占斌、王学凯：《中国式现代化：理论基础、思想演进与实践逻辑》，《行政管理改革》2021 年第 8 期。

主义新时代,"四个全面"战略布局、"五位一体"总体布局协同推进,中国式现代化取得新的伟大成就。纵观中国的现代化历程,改革、探索、开拓与创新始终立足时代背景和自身国情,走出了一条中国式现代化的新道路。

另一方面,中国式现代化是基于14亿多人口国情的主动选择。我国是世界上人口最多的国家,据世界银行统计,1960年,我国人口占世界人口比重为22%;1974年,我国人口占世界人口比重为22.6%,此后这一比例有所下降;2021年,我国人口占世界人口比重为18%。截至目前,有近30个国家基本实现现代化(以发达国家为主),但覆盖范围不超过10亿人口。人口规模巨大的国家如何实现现代化,是自现代化萌芽以来未曾出现的重大课题。中国式现代化就是要实现人口规模巨大的现代化,既为推进世界现代化作出巨大贡献,又为广大发展中国家和人民实现现代化奉献中国智慧、中国经验、中国方案,更为14亿多中国人民谋幸福提供主动选择。

(三)中国式现代化具有全面性

中国式现代化是全面的现代化,既表现在受众方面,又表现在内容方面。

从受众方面看,中国式现代化是全体人民共同富裕的现代化。共同富裕是社会主义的本质要求,是中国式现代化的重要特征。一是全体人民。中国式现代化在共同富裕道路上"一个都不能少",共同富裕不是少数人、少数地区的富裕,少一个人都不是全体人民共同富裕。二是共同。要从整体、全局层面把握全体人民共同富裕,事实上，共同富裕具有非同步性、非同等性、非剥夺性、非享受性等特殊内涵①，需要准确理解共同的概念。三是富裕。要从不同维度理解富裕，既有绝对富裕、相对富裕，又有物质富裕、精神富裕，还有整体富裕、局部富裕，要在动态发展中深化对富裕的认识，不断提高中国式现代化共同富裕的成效。

从内容方面看，中国式现代化涵盖"五位一体"总体布局。现代化涉及诸多领域，中国式现代化是涵盖"五位一体"总体布局的现代化。经济方面，推动经济现代化。经济现代化的主题是高质量发展，要推动经济从中高速增长转为高质量发展，实现生产力由数量向质量转型升级；经济现代化的理念是新发展理念，动力模式是通过坚持和完善社会主义市场经济体制实现经济增长、推进中国经济现代化进程②。政治方面，推动政治现代化。政治现代化的核心问题在于推进国家治理体系和治理能力现代化，通过政党治理、政府治理改革，不断将制度优势转化为治理效能。文化方面，促进文化现代化。既立足马克思主义文化观，又弘扬中华优秀传统文化、革命文化、社会主义先进文化，全方位促进文化现代化。社会方面，推进社会现代化。建设社会现代化，既要改善民生事业、社会事业、加强创新社会管理，又要推进社会体制改革，形成与社会主义市场经济体制及现代经济结构相协调的合理、开放、包容的现代社会结

---

① 参见张占斌：《中国式现代化的共同富裕：内涵、理论与路径》，《当代世界与社会主义》2021年第6期。

② 参见黄群慧：《新发展格局的理论逻辑、战略内涵与政策体系——基于经济现代化的视角》，《经济研究》2021年第4期。

构，还要实现以社会主义核心价值观为导向的社会现代化①。生态方面，推动生态现代化。贯彻绿水青山就是金山银山的理念，构建生态文明体系，促进经济社会发展全面绿色转型，建设人与自然和谐共生的生态现代化。

（四）中国式现代化具有协调性

中国式现代化具有协调性，表现在物质文明与精神文明、人与自然、和平发展等方面。

一是物质文明与精神文明相协调的现代化。中国式现代化是物质文明与精神文明相协调的现代化：第一，中国式现代化要求不断夯实物质文明基础。通过系统、高质量的经济社会发展，不断积累物质文明，协同实现"国强民富"，为实现中国式现代化提供雄厚的物质支撑。第二，中国式现代化要求不断提升精神文明境界。马克思在《〈哥达纲领批判〉序言》中将人类社会划分为经济生活、政治生活和思想文化三个领域，其中，政治生活和思想文化与精神文明类似，要丰富政治生活、活跃思想文化，不断提升精神文明境界。第三，中国式现代化要求促进物质文明与精神文明协调发展。物质文明是精神文明的基础，物质文明的程度大体决定精神文明的程度，精神文明是物质文明的作用力，要促进物质文明与精神文明程度匹配、步调趋同地协调发展。

二是人与自然和谐共生的现代化。人与自然的关系是人类社会最

---

① 参见陆学艺：《社会建设就是建设社会现代化》，《社会学研究》2011 年第 4 期。

基本的关系，在人与自然的关系方面，中国式现代化追求人与自然和谐共生，强调构建人与自然生命共同体。一方面，人是自然的一部分。马克思在《1844年经济学哲学手稿》中写道："所谓人的肉体生活和精神生活同自然界相联系，不外是说自然界同自身相联系，因为人是自然界的一部分。"[①]相对人而言，自然界是客观存在的，人是自然界的一部分。另一方面，人通过认识和改造自然实现与自然的和谐共生。人具有主观能动性，可以在认识和改造自然的过程中实现人与自然的和谐共生。人类在推进现代化进程中，虽然创造了巨大的物质财富，但对自然的过度攫取也加剧了人与自然的深层次矛盾，例如，气候变化、生物多样性丧失、荒漠化加剧、极端气候事件频发，等等。中国式现代化坚持人与自然和谐共生，倡导科学认识自然，合理改造自然，努力构建人与自然生命共同体。

三是走和平发展道路的现代化。走和平发展道路，包含发展和安全两个因素，中国式现代化统筹发展与安全，致力于走和平发展道路，追求高质量发展和高水平安全。第一，发展是安全的基础和目的。只有实现发展，才能为安全奠定扎实的基础；只有实现发展，才能实现安全的目的。第二，安全是发展的条件和保障。有什么样的安全，就会带来相应的发展。第二次世界大战后，和平与发展成为时代主题，尽管当前和未来很长一段时期，国际环境日趋复杂，不确定性、不稳定性明显增加，但中国式现代化处于重要战略机遇期，要在确保安全的情况下实现最大程度的发展。

---

① 《马克思恩格斯选集》第1卷，人民出版社1995年版，第45页。

四、中国式现代化的比较优势

中国推进现代化，具有鲜明的比较优势，具体表现在党的领导的根本优势、马克思主义的理论优势、社会主义的制度优势、以经济建设为中心的物质优势等多个方面。

（一）中国共产党的领导是根本优势

中国的现代化，是中国共产党领导的社会主义现代化，党的领导是中国式现代化的本质特征和根本保证，全面建设社会主义现代化国家，实现新时代新征程各项目标任务，关键在党。[①]

第一，中国共产党的领导决定了中国式现代化的性质。中国共产党的领导是中国特色社会主义最本质的特征，是中国特色社会主义制度的最大优势。中国共产党领导的中国式现代化，包含三层内涵：其一，现代化的一般内涵。与世界现代化追求的经济社会发展达到一定水平一致，中国式现代化也具有现代化的一般内涵，与其他国家的现代化并无差异。其二，社会主义的现代化内涵。中国式现代化是社会主义的现代化，与资本主义现代化相比，区别之一在于是否追求共同富裕。共同富裕是社会主义的本质要求，是中国式现代化的重要特征。其三，中国特色的现代化内涵。中国特色在于中国共产党的领

---

① 参见《习近平在省部级主要领导干部"学习习近平总书记重要讲话精神，迎接党的二十大"专题研讨班上发表重要讲话强调 高举中国特色社会主义伟大旗帜 奋力谱写全面建设社会主义现代化国家崭新篇章》，《人民日报》2022 年 7 月 28 日。

导、在于中华优秀传统文化、在于中国独特的国情基础，共同构成中国特色的现代化的重要内容。

第二，中国共产党的领导塑造了中国式现代化的特征。我国追求的中国式现代化，是人口规模巨大的现代化，是全体人民共同富裕的现代化，是物质文明与精神文明协调发展的现代化，是人与自然和谐共生的现代化，是走和平发展道路的现代化，这是中国式现代化的"五大特征"。中国式的现代化，富强对应社会主义物质文明建设，民主对应社会主义政治文明建设，文明对应社会主义精神文明建设，和谐对应社会主义社会文明建设，美丽对应社会主义生态文明建设，"五大特征"是对共产党执政规律、社会主义建设规律、人类社会发展规律的集中体现。

第三，中国共产党的领导为中国式现代化提供保证。中国共产党是实现中国式现代化的坚强领导核心，为实现中国式现代化提供保证。一是提供思想保证。中国共产党以马克思主义为指导，将各类关于现代化的思想统一汇集在马克思主义指导之下，使思想更加聚焦，指导更加高效。二是提供组织保证。中国式现代化需要广大人民群众积极参与，中国共产党坚持以人民为中心的思想，团结、组织人民群众开展现代化建设，激发人民群众的主动性、积极性、创造性。三是提供精神保证。中国式现代化非一日之功，是一个长期过程，离不开各种精神的激励，包含长征精神、"两弹一星"精神、雷锋精神、焦裕禄精神、改革开放精神、载人航天精神、脱贫攻坚精神、科学家精神、企业家精神等在内的伟大建党精神为中国式现代化提供了丰富的精神食粮。

（二）马克思主义提供了理论优势

马克思主义认为，资产阶级和无产阶级存在不可调和的矛盾，"资产阶级一天天地消灭生产资料、财产和人口等的分散状态。它使人口密集起来，使生产资料集中起来，使财产聚集在少数人的手里"①，而社会主义制度跨越"卡夫丁峡谷"②的设想具有可能性，"资产阶级的灭亡和无产阶级的胜利同样是不可避免的"③。中国共产党以马克思主义为指导，马克思主义科学理论指导是中国共产党鲜明的政治品格和强大的政治优势，特别是中国共产党人将马克思主义同中国具体实际相结合，形成中国化的马克思主义，为中国式现代化提供了理论优势。

毛泽东思想指引中国式现代化发展完成"站起来"。早在新民主主义革命时期，以毛泽东同志为主要代表的中国共产党人提出使中国由农业国变为工业国，要建设崭新的、现代化的、强大的国民经济等主张，毛泽东思想为中国式现代化发展完成"站起来"指明了方向。在基础方面，明确社会主要矛盾是人民对经济文化迅速发展的需要同当前经济文化不能满足人民需要的状况之间的矛盾。在环境方面，采取"独立自主、自力更生、艰苦奋斗、勤俭建国"的方针，积极应对资本主义经济封锁。在理念方面，提倡在综合平衡中恢复国民经济。

---

① 《马克思恩格斯全集》第 4 卷，人民出版社 1958 年版，第 470 页。

② 公元前 321 年，第二次萨姆尼特战争时期，萨姆尼特人在古罗马卡夫丁城附近的卡夫丁峡谷击败罗马军队，迫使其通过"牛轭"。该举动被认为是对战败军最大的羞辱。"通过卡夫丁峡谷"由此而来，意为遭受最大的羞辱。马克思、恩格斯使用这一典故表达资本主义制度及其带来的灾难和挫折。

③ 《马克思恩格斯全集》第 4 卷，人民出版社 1958 年版，第 479 页。

在路径方面，以工业为主导，将重工业作为我国经济建设的重点，优先发展重工业，逐步建立独立的、比较完整的基础工业体系和国防工业体系，同时，重视农业和轻工业发展，正确处理重工业、轻工业和农业之间的关系问题。

中国特色社会主义理论体系指导中国式现代化发展实现"富起来"。在改革开放进程中，邓小平理论、"三个代表"重要思想、科学发展观共同指导中国式现代化实现"富起来"。在基础方面，明确社会主要矛盾是人民日益增长的物质文化需要同落后的社会生产之间的矛盾，此时中国的经济社会发展还处于较低水平。在环境方面，和平与发展是时代主题，外部环境较为平稳，内部对发展的愿望十分强烈，特别是经济全球化给中国式现代化带来巨大的发展机遇。在理念方面，确立了发展是硬道理的核心理念。中国式现代化离不开发展，发展是解决我国一切问题的基础和关键，也是中国式现代化的基础和关键。在路径方面，坚持"一个中心、两个基本点"的基本路线，不断开展各领域改革，不断实施各领域开放，用改革开放为中国式现代化发展赢得先机。

习近平新时代中国特色社会主义思想引领中国式现代化发展迈向"强起来"。党的十八大以来，对中国式现代化的认识进一步深化，习近平新时代中国特色社会主义思想引领中国式现代化发展逐步迈向"强起来"。在基础方面，当经济社会发展到一定水平后，明确社会主要矛盾已经转化为人民日益增长的美好生活需要和不平衡不充分的发展之间的矛盾。在环境方面，当今世界正经历百年未有之大变局，既面临隐性的"黑天鹅""灰犀牛"等不稳定性不确定性事件，又面临显性的保护主义、单边主义、霸权主义等事实以及新一轮科技革命和产业变革深入发展等重大机遇。在理念方面，以高质量发展为主题，提出创新、协调、绿色、开放、共享的新发展理念，并将新发展理念贯彻中国式现代化全过程。在路径方面，继续全面深化改革，不断推进制度、体制、机制改革创新，为中国式现代化提供动力和保障。

（三）社会主义塑造了制度优势

中国共产党选择了社会主义道路，中国选择了社会主义，社会主义也选择了中国，社会主义与中国相结合，塑造了中国式现代化的制度优势。

社会主义革命和建设确立了中国式现代化的方向。新民主主义革命的胜利，确立了中国共产党的执政地位。中华人民共和国成立后，党和政府推进农业、手工业、资本主义工商业的社会主义改造，随着"三大改造"的完成，社会主义制度在中国成为现实，随后进行的一系列社会主义建设，确立了中国式现代化的发展方向，即社会主义现代化。方向决定道路，社会主义的前进方向决定了中国的现代化一定要走中国式道路；道路决定命运，走中国式现代化道路决定了中国现代化的进程和结果。在社会主义制度的指引下，中国式现代化将焕发新的活力。

改革开放和社会主义现代化建设夯实了中国式现代化的基础。1978 年，党的十一届三中全会作出改革开放的历史抉择，从小岗村包产到户到深化农村土地制度改革，从创办经济特区、国家级新区到加入世界贸易组织，从农村到城市，从沿海到内陆，中国经历了一场全方位、多领域、深层次的改革开放。1979—2012年，我国国内生产总值年均增长9.8%，高于世界经济年均2.8%的增速；我国是唯一拥有联合国产业分类中所有工业门类的国家，实现了从积贫积弱的落后国家到世界经济发展引擎的转变。诸如此类的经济社会发展成就，为中国式现代化奠定了坚实基础。

中国特色社会主义新时代开拓了中国式现代化新境界。党的十八大以来，中国特色社会主义进入新时代，中国式现代化步入新境界。新发展成就为全面建设社会主义现代化国家新征程奠定了基础，新发展阶段揭示了中国式现代化处于新的历史方位。新发展理念引领高质量发展，创新、协调、绿色、开放、共享的新发展理念，是当前和未来一段时期中国式现代化高质量发展的指导理念。构建以国内大循环为主体、国内国际双循环相互促进的新发展格局，为未来经济发展提供了新的战略导向。

（四）以经济建设为中心创造了物质优势

要实现中国式现代化，离不开各方面的发展，其中，经济建设为中国式现代化提供了丰富的物质优势。

一方面，以经济建设为中心。党的十一届三中全会之前，党和政府对经济建设进行的诸多探索，为在新的历史时期推进中国式现代化提供了宝贵经验、理论准备和物质基础。党的十一届三中全会之后，以经济建设为中心成为全党全社会的广泛共识，各项措施紧紧围绕经济建设这一中心，为中国式现代化积累了丰厚的物质基础。例如，我国国内生产总值从1978年的1495亿美元增长至2021年的177341亿美元，占世界生产总值比重从 1978 年的 1.7% 提升至 2021 年的 18.5%，连续多年对世界经济增长贡献率超过 30%。又如，1978 年，我国人均国内生产总值为 156 美元，仅为世界人均国内生产总值的 7.7%；2021 年，我国人均国内生产总值为 12556 美元，超过世界人均国内生产总值 12263 美元的水平。我国是世界第二大经济体、制造业第一大国、货物贸易第一大国、商品消费第二大国、外资流入第二大国，我国外汇储备连续多年位居世界第一。上述发展成就，得益于经济建设。

另一方面，注重其他方面建设。经济建设和其他方面建设的关系，体现了两点论与重点论相统一的唯物辩证法。两点论方面，党的十一届三中全会之前的探索表明，要区分主要矛盾和次要矛盾，要识别矛盾的主要方面和次要方面。就当时我国的国情和现实情况而言，要推进中国式现代化，必须将经济建设作为主要矛盾和矛盾的主要方面，方能带动其他方面建设。重点论方面，世界各国推进现代化的经验教训表明，经济建设在现代化进程中不可替代，基本实现现代化的国家均以经济建设为重点，因此，我国必须以经济建设为中心。但以经济建设为中心并不意味着其他方面建设不重要，经济建设带动其他方面建设，其他方面建设助推经济建设，进而实现良性互动，这是我国逐渐形成"五位一体"总体布局的逻辑依据。

第二章　以高质量发展推进中国式现代化

党的十八大以来，以习近平同志为核心的党中央作出了推动高质量发展的战略决策和战略部署。推动高质量发展，最初是对经济领域提出的要求，后来逐渐扩展并覆盖至党和国家发展的方方面面，这是党中央进入新时代作出的重大战略选择。近些年高质量发展的理论与实践风生水起，广为国内国际社会所关注。党的二十大报告重申发展是党执政兴国的第一要务，强调高质量发展是全面建设社会主义现代化国家的首要任务。① 这更加聚焦了国

---

① 参见习近平：《高举中国特色社会主义伟大旗帜　为全面建设社会主义现代化国家而团结奋斗——在中国共产党第二十次全国代表大会上的报告》，《人民日报》2022 年 10 月 26 日。

内和国际的目光，并引起了方方面面广泛的热议。从党的二十大报告中，可以看到中国共产党坚定推动高质量发展的决心和意志，看到中国共产党坚定以高质量发展推动中国式现代化的决心和意志。在新发展阶段以中国式现代化全面推进中华民族伟大复兴，也就是要求以高质量发展推进中国式现代化。

一、高质量发展是中国式现代化的首要任务

在新中国成立以来特别是改革开放以来我国取得一系列发展成就的基础上，新时代十年党和国家事业取得了历史性成就、发生了历史性变革，正从经济大国向经济强国迈进，已经具备加快构建新发展格局的综合优势，也具备了以高质量发展推进中国式现代化的能力。

（一）发展是党执政兴国的第一要务

早在西柏坡的时候，毛泽东在党的七届二中全会上就向全党发出号召，进北京城以后我们要把一个"落后的农业国变成先进的工业国"，致力发展的希望已经放飞。新中国成立为中国式现代化打开了前进通道，我们为此制定了第一个国民经济五年计划，在苏联的帮助下，我国采取了优先发展重工业的战略，勒紧裤带开始了重大工程的建设，初步奠定了我国工业化的基本框架。但后来由于"左"的错误，急于求成，耽误了不少时间，影响了我国现代化的进程。改革开放发动前后，全党痛定思痛，要把被耽误的发展时间抢回来、夺回来，这

种紧迫感一日胜于一日。当时深刻地感觉到"发展才是硬道理"①，能发展就不要阻挡，而且每隔一段时间就要争取上一个发展台阶才行。党的十一届三中全会以后，全党把精力聚焦到社会主义现代化建设上来，开启了以经济建设为中心、大力推进改革开放的发展历史，推动着中国经济逐步发展起来，也推动着整个国家逐步富强、人民逐步富裕起来。中国特色社会主义进入新时代，中国式现代化的发展也进入了新时代。党深刻地认识到，我们取得如此伟大的成就得益于坚持了发展是硬道理，发展是党执政兴国的第一要务。历史展开的画卷向我们明示了这样一个道理：凡是发展好的时候，凡是坚定坚持发展的时候，我们整个国家的状态就好，事业就兴旺；凡是不重视发展的时候，凡是偏离发展主线的时候，我们的事业就面临曲折乃至遭到极大损害。

（二）发展必须建立在高质量发展上

新中国七十多年发展下来，我们有了实实在在的参照和比较，积累了深刻的领悟和经验。一般来说有两种发展方式，一种是粗放的发展，也就是靠劳动密集型的人力资源和各种要素投入，特别是大规模的能源、资源的投入来实现的发展，比较粗放和野蛮。改革开放初期，我们国家经济远远落后于发达国家，打开国门才发现落伍太久，所以当时采取了拼命追赶战略。由于当时的技术水平很低，还不可能在产业链的中高端和发达国家竞争，只能在产业链的中低端发挥我们的比较优势，费了不少劲，吃了不少苦，流了不少汗，也流了不少

---

① 《邓小平文选》第三卷，人民出版社 1993 年版，第 377 页。

泪，挣了一些辛苦钱，但同时也投入了大量的资源能源和人力物力，从长期来看这是不可持续的，也是无法持续的。并且，在这种粗放的发展中，由于我们技术水平不是很高，产生了大量的废气废水等，造成了空气、水质、土地等污染，这些都给生态环境安全带来了威胁，对我们可持续发展提出了巨大的挑战。之所以出现这种情况，一方面源于我们认识水平低，另一方面在于我们的技术水平跟不上，另外还急于摆脱落后的现状。后来我们深刻地意识到，必须寻求高质量的发展，即能够很好满足人民日益增长的美好生活需要的发展，真正体现新发展理念的发展，使创新成为第一动力、协调成为内生特点、绿色成为普遍形态、开放成为必由之路、共享成为根本目的的发展①，以及从数量追赶转向质量追赶，从规模扩张转向结构升级，从要素驱动转向创新驱动，从分配失衡转向共同富裕，从高碳增长转向绿色发展②。更明确、更简洁地说，高质量发展就是要从过去的"有没有"转向"好不好"。从历史上看，实现高质量发展是我国经济社会健康发展的必然要求；从理论上看，实现高质量发展是遵循经济发展规律的必然要求；从现实上看，实现高质量发展是我国社会主要矛盾变化和全面建设社会主义现代化国家的必然要求。

（三）高质量发展的中国式现代化才最为可靠

党的二十大对全面建成社会主义现代化强国作出了总的战略安

---

① 参见张占斌、毕照卿：《经济高质量发展》，《经济研究》2022 年第 4 期。
② 参见王一鸣：《百年大变局、高质量发展与构建新发展格局》，《管理世界》2020 年第 12 期。

排，到 2035 年基本实现社会主义现代化，要求经济实力、科技实力、综合国力大幅跃升，人均国内生产总值达到中等发达国家水平；在基本实现现代化的基础上，再奋斗到本世纪中叶，把我国建设成为综合国力和国际影响力领先的社会主义现代化强国。要实现 2035 年的目标，应该实现"两个倍增"，一个是人均国内生产总值到 2035 年比 2020 年翻一番，达到 3 万美元左右；另一个是中等收入群体到 2035 年比 2020 年翻一番，从现有的 4 亿人扩展到 8 亿—9 亿人。要实现"两个倍增"，需要花费很大力气。首先要保持经济适度的、合理的增长，也就是说我们现在虽然不追求高速增长了，我们追求的是高质量发展，但是高质量发展不等于低速增长，也不代表我们不希望高速增长，关键在于要有一个适度的、合理的增长速度，换言之，不是说速度越高越好，更不能说速度越低越好。在未来 10—15 年的时间里，只有经济保持适度的、合理的增长，我们才有可能实现人均国内生产总值"倍增"。同样，我们要采取高质量的发展和高质量的分配来提高城乡居民收入，高校毕业生、技术工人、中小企业主和个体工商户、进城农民工、公务员特别是基层一线公务员及国有企事业单位基层职工等①都是中等收入群体的重要力量，要积极推动越来越多的低收入群体跻身到中等收入群体中来，增强我们的内需消费能力。如果能实现"两个倍增"，就有助于我们利用好国内超大规模的市场，就有助于推动经济的高质量发展。只有真正实现了高质量发展，中国式现代化才更加可靠、可持续。

---

① 参见习近平：《扎实推动共同富裕》，《求是》2021 年第 20 期。

（四）高质量发展必须以经济建设为中心

党的二十大报告提出，高质量发展是全面建设社会主义现代化国家的首要任务。高质量发展是一个总括性理念，经济高质量是社会高质量和治理高质量的输出。[①] 诚然，这里的高质量发展是指方方面面都要高质量发展，但需要强调的是，经济高质量发展是关

高质量发展必须以经济建设为中心

键的基础，也是重要的前提，如果没有坚实的物质技术基础，就不可能全面建成社会主义现代化强国。因此，我们必须以经济建设为中心，必须完整准确全面贯彻新发展理念，坚持社会主义市场经济改革方向，坚持高水平对外开放，加快构建以国内大循环为主体、国内国际双循环相互促进的新发展格局。之所以这样强调以经济建设为中心，这是因为我们党改革开放以来确定的社会主义初级阶段的基本路线就是"一个中心、两个基本点"，这个中心就是以经济建设为中心，两个基本点就是坚持四项基本原则、坚持改革开放，我们这些年所取得的成就得益于社会主义初级阶段的基本路线指引。改革开放以后，邓小平等中央领导下了铁心强调："现在国际形势看来会有个比较长时间的和平环境，即不爆发第三次世界大战的环境。我们都是第三世界国家，要紧紧抓住经济建设这个中心，不要丧失时机。"[②] 四十多年来，我们紧紧扭住经济建设中心不放，矢志不渝、笃行不怠，道

---

① 参见高培勇、袁富华、胡怀国、刘霞辉：《高质量发展的动力、机制与治理》，《经济研究》2020 年第 4 期。

② 《邓小平文选》第三卷，人民出版社 1993 年版，第 270 页。

不变、志不改，可谓是不摇摆、不跑偏、不折腾、不懈怠，取得了中国式现代化建设如此辉煌的伟大成就。从现实来看，我们要建设社会主义现代化强国，推动高质量发展，仍然需要以经济建设为中心。我们强调以经济建设为中心，与以人民为中心是一致的，"坚持以人民为中心的发展思想，不是一句空洞口号，必须落实到各项决策部署和实际工作之中"①，以经济建设为中心是我们实现这种价值的必由之路和实现方式。全面推进中国式现代化，总是要有一个中心，总是要围绕重点工作展开，那就是要以经济建设为中心，抓好经济工作这个重中之重。诚如《中国共产党章程》所言："中国共产党在领导社会主义事业中，必须坚持以经济建设为中心，其他各项工作都服从和服务于这个中心。"②以经济建设为中心，可以牵动着其他方面的建设，带动其他方面建设，反之，离开了以经济建设为中心，或者是不重视以经济建设为中心，就会对其他方面的发展带来损害。因此在防控疫情的大背景下，我们特别希望统筹疫情防控和经济社会发展，营造浓郁的以经济建设为中心的政治氛围，让以经济建设为中心的声音再响亮些，让这个旗子举得更高一些。

二、推动高质量发展具有突出的紧迫性

当今世界正经历百年未有之大变局，我国发展环境面临深刻复杂

---

① 习近平：《坚持人民至上》，《求是》2022 年第 20 期。
② 《中国共产党第二十次全国代表大会文件汇编》，人民出版社 2022 年版，第 75 页。

变化。中国式现代化不是空中楼阁，而是需要高质量踏踏实实推进的。因此，推动高质量发展是应对变局、危局和育新局、开新局的重要举措，具有突出的紧迫性和针对性。

（一）多年来积累的发展不平衡不充分问题

仍然突出我国经济社会发展取得了巨大发展成就，党的二十大报告用了很大篇幅来回顾过去5年的工作和新时代10年的伟大变革，特别是讲到了经济社会方面所取得的巨大的历史变化，指出了我国经济实力实现历史性的跃升。并且，对多年来积累的一些不平衡不充分问题也没有回避，比如推动高质量发展还有许多卡点瓶颈，科技创新能力还不强，确保粮食、能源、产业链供应链可靠安全和防范金融风险等许多重大问题还需解决，重点领域改革还有不少硬骨头要啃，城乡区域发展和收入分配差距依然较大，群众的就业、教育、医疗、托育、养老、住房等方面面临不少难题，生态环境保护任务依然艰巨，等等。人民日益增长的美好生活需要和不平衡不充分发展已经成为我国社会主要矛盾，亟须加以解决。如此，加快构建新发展格局、加快创新水平能力提升、推动市场竞争、提高效率效益、挖掘发展潜力、增加有效供给、转换发展动力、提供制度创新等，就是推动高质量发展、解决不平衡不充分问题的方案。

（二）中美之间战略方面的博弈面临常态化和长期化

自从中国跃居世界第二大经济体，以美国为代表的西方发达国家更加担心和警惕中国的发展，特别是美国将中国列为最重要的竞争对手，单方面挑起中美经贸摩擦，对中国核心关键技术"卡脖子"，试图遏制中国的和平崛起。以美国为首的西方国家实施贸易保护和霸凌行为，滥用国际安全审查，阻碍中国企业在美正常投资活动，根据美国国内法单方面挑起贸易摩擦，对中国开展"301调查"，片面指责他国实施产业政策，特别是对我国产业政策横加责难，并以国内法"长臂管辖"制裁他国。"一带一路"倡议也面临着一些政治上的风险、非传统安全威胁的风险、法律风险等。可以预见未来很长一段时间，中美博弈将进入常态化乃至长期化。我国过去的发展格局依托的是经济全球化快速发展，在经济全球化、区域经济一体化下，可以将重点放在国际循环，但现在经济全球化遭遇逆流，单边主义、保护主义明显上升，世界经济复苏乏力，局部冲突和动荡频发，全球性问题加剧，世界进入新的动荡变革期。在逆全球化思潮抬头的背景下，再过度依赖国际循环既不安全，又不具备现实条件。为了适应中美博弈常态化乃至长期化的需要，我国迫切需要构建新发展格局，加快高质量发展步伐。

（三）蔓延至今的新冠疫情影响广泛深远

突如其来的新冠疫情至今已持续三年仍未消除，病毒变异具有很大的不确定性，统筹疫情防控和经济社会发展面临严峻挑战。疫情给我国经济社会带来了非常严重的负面影响，具体表现在：一是最近几年出口、投资和消费领域问题很多，特别是民间资本投资偏弱，消费陷入了低谷，房地产领域一些大型企业面临着巨大的风险，一些中小银行也面临着较大的风险，一批中小企业和个体工商户歇业、停业、破产、注销，由此也出现了很多失业人员，1000多万高校毕业生就业还没有完全落定，整个社会就业压力非常大。二是一些地方政府由于土地财政枯竭，政府的财政收入锐减，平衡各种财政问题的能力也在下降，甚至有些地方连工资发放都面临着很大的困难。三是一些国家和跨国公司考虑重构产业链供应链，加速了原本正常的、市场化的国际产业转移进程。国际产业转移对我国是一次挑战，我国劳动年龄人口规模庞大、经济下行压力较大，节奏过快的国际产业转移将对稳就业、稳增长带来一定的负向影响。但国际产业转移对我国也是一次机遇，可以借助信息化、数字化、智能化等，推动产业迈向中高端，抢占国际产业的战略制高点。推动高质量发展，构建新发展格局，就是要按照维护我国产业链、供应链安全的要求，按照推动我国迈向全球价值链中高端的要求，进行一系列的改革创新，努力破解疫情和中美博弈给我们带来的严重困难。

（四）局部冲突的不稳定性不确定性明显增加

和平与发展仍然是时代主题，但当下局部冲突、局部战争仍然存在，国际环境日趋复杂，不稳定性不确定性明显增加。这不仅使得冲突双方面临物资供应匮乏、基本公共服务难以保障的困境，也对全球能源、粮食、金融市场等产生外溢影响。估计未来几年国际能源、国际粮食、国际金融等问题都会非常突出，对全球经济社会发展和稳定将产生巨大的负面影响。在世界和平面临挑战、世界不确定性增强、经济风险增大的背景下，我们必须要站在历史正确一边，要积极地把握好历史主动，牢牢把发展的主动权掌握在我们自己的手里，牢牢把发展的创新权掌握在我们自己的手里。在越发不稳定不确定的情况下，越是要专注于自身，推动高质量发展、构建新发展格局要求以国内大循环为主体，就是以不变应万变。当然，更加强调国内大循环并不是、也不代表要自我封闭、闭门造车，新发展格局要求国内国际双循环相互促进，实际上对扩大高水平开放，确保国家产业、经济安全提出了更高的要求，这是应对不稳定性不确定性的必然选择。

以高质量发展推进中国式现代化是一项系统性工程，还有许多问题需要加以重视。这其中，营商环境、数字经济、新基建是当前的焦点、热点问题。

三、推动高质量发展的若干重点

（一）打造市场化法治化国际化营商环境

优化营商环境，是构建新发展格局、把制度优势转变为治理效能的重要抓手。打造市场化法治化国际化营商环境，永远在路上。

其一，把优化营商环境作为政府推动发展的首要任务。一是加强"放管服"改革的系统整体性建设，减少政策执行标准不明确、摇摆多变的不确定性，防止政策"打架"。二是从制度上规范政商"亲清"规则，完善官方政企常态化沟通渠道，健全政府官员容错纠错机制。三是探索数字政府服务经济和社会治理新形态，在互联网教育、医疗和金融科技等领域，开展政企协同创新试点。四是依托第三方评估机构深化全国市级以上城市营商环境评价，以评促改。用好自贸港自贸区先行先试制度优势，形成可复制可推广的经验和做法。

其二，全面依法保护各类市场主体的合法权益。一是依法严肃查处各类侵害企业合法权益的行为，继续加大力度甄别纠正一批侵害民营企业产权的错案冤案，健全涉及产权冤错案件有效防范和常态化纠正机制。二是严格区分企业和企业家的法律责任。规范对企业经济纠纷与刑事责任的认定标准，尽可能用行政规章规范调整企业行为，不因企业家个人涉法涉诉而冻结、查封企业资产。三是厘清司法机关办案界限，解决企业刑事案件属地管辖等问题。将公安机关跨省侦办民营企业犯罪案件的涉案款项归属权、支配权收归中央有关部门。四是加大知识产权保护力度，加快制定商业秘密保护法，注重对侵犯知识产权和商业秘密等案件的处理。

其三，持续努力并切实降低市场主体运行成本。一是结合国家财政收支情况，对抗疫纾困政策进行评估，期限能延则延，范围能扩即扩，呵护市场主体。继续加大清理政府部门、大型企业拖欠中小企业账款工作力度，建立解决企业拖欠账款的长效机制。二是强化金融对实体经济和中小微企业支持，鼓励并规范金融机构利用金融科技发展普惠金融，降低中小企业融资、用能、上网、物流等成本。研究建立电力普遍服务补偿机制，合理降低工业用电单价。三是加大对装备制造业合理减税降费，对涉及国防建设的重大项目产品给予专项政策。全面落实国家增值税改革等减税政策，降低城镇土地使用税等税额标准。四是建立涉企全国统一的收费清单。规范第三方有偿服务，继续整治行业协会商会乱收费，加强对垄断行业收费监管，优化简化企业退出流程。

其四，强化基础性制度保障公平竞争的市场环境。一是全面落实市场准入负面清单制度，制定处罚教育前置、轻微违法免罚清单等制度。二是全面落实公平竞争审查制度。修订公平竞争审查实施细则，探索制定经营者承诺制度等规则。将公平竞争审查情况纳入政府绩效考核和营商环境评价。三是优化事中事后监管。规范监管执法，减少入企检查次数。处理企业慎用关停"一刀切"。加快完善互联网平台经济的法律和治理规则，依法合理界定互联网平台责任。打击不正当竞争，强化反垄断和防止资本无序扩张。四是建立健全个体工商户的法律法规，加大保护力度。建立劳动者诚信档案。

其五，加快营商环境的制度化和法治化进程。一是制度的法律化。目前还存在明显的法律过少，规章、规范性文件过多的结构性问题，一些制度缺乏稳定性、刚性。二是法律的明确化。法律应当是明确的规范系统，这是法律和政策的一个重要区别。没有明确的法律规定，公权力很难规范约束，私权利也很难得到有效保障。三是程序的正当化。公权力的规范约束需要正当程序，目前立法对程序，尤其是程序的正当性重视不够。四是责任的妥当化。建议借鉴《环境保护法》的做法，规范约束政府的监管权力，解决执法不力、检查任性等问题，加快责任配置的妥当化。五是法律制度的体系化。要更加重视立法规划的科学和落实，建议进一步深化立法体制、优化立法机制。

（二）抢占数字经济发展的国际制高点

数字经济是数字技术推动的人类社会经济发展的新形态，是全球要素资源重组、经济结构重塑、竞争格局改变的关键力量。"十四五"

规划提出："加快数字化发展，建设数字中国""打造数字经济新优势"。为此，我国出台了《网络强国战略实施纲要》《数字经济发展战略纲要》，数字中国已上升为国家战略。

第一，加强舆论引导，为数字经济发展筑牢思想基础。加强数字经济发展的前沿理论研究和社会舆论正面引导，让社会了解国家出手惩治的是互联网巨头的不正当竞争行为，而非平台经济，更不是整个数字经济领域。社会不仅不应当对"数字"望而止步，更应当以舆论引导各个领域加强数字融合、加大研发投入、强化自主创新，制定数据参与分配的各项配套政策，鼓励新技术、新业态、新模式百花齐放的多样性、差异化的经济生态，建立起兼顾大中小实体企业及平台从业者利益的体系，推动数字经济实现行业平衡、有序竞争，发挥数字技术在服务传统产业升级与改善民生领域的强大优势。

第二，加大政府扶持，为数字经济发展提供优质环境。支持具备强大数字技术和能力的"新型实体企业"发展，树立一批标杆企业，推广一批典型应用场景，充分发挥新型实体企业在产业链供应链数字化升级中的示范带头作用。大力实施"培优扶强"专项行动，推动各省市遴选一批创新企业，建立数字经济领域"独角兽"企业培育库，在项目安排、政策扶持、要素保障、跟踪服务等方面给予支持。

第三，实施资本助产，为核心技术攻关提供资金支持。突破数字经济"卡脖子"的关键技术，实现高水平自立自强，迫切需要充足资金助力研发。从2020年下半年开始，监管机构缩紧了对数字经济企业IPO申请的审查，近两年已有上百家创新型企业暂缓IPO。应深化资本市场改革，设置多元化上市标准，可适当简化上市条件，提升板块包容性和覆盖面，拓展多层次、多元化、互补型股权融资渠道，提高资产证券化率和直接融资比重。

第四，坚持创新发展，鼓励支持数字新业态发展。创新数字消费场景，大力发展智能健身、智能骑行等新消费体验和在线医疗等新消费业态，不断创造新的消费机会。加快推动服务业数字化，推动互联网金融、创意设计、生态旅游、智慧社区等新型服务业发展，推进商贸、物流及仓储等传统服务业与大型网络平台对接，持续推动商贸、文化、体育、养老等生活性服务业数字化进程，提升数字化对服务业的渗透率。

第五，注重引领带动，着力打造数字产业集群。加快推动数字经济与实体经济深度融合发展，从产业链角度鼓励企业抱团发展，加快消费互联网和产业互联网融合提升，改变一条腿长一条腿短的现状，打造具有国际竞争力的世界级数字产业集群。围绕数字经济龙头企业，利用优惠政策吸引产业链上下游企业聚集，带动周边中小企业发展，培育一批"专精特新"的企业和制造业单项冠军企业。建设"城市级"数字基础设施，以类似供水、供电等公共服务方式为城市提供统一的数字化支持，为数字集群建设提供配套基础支撑。

第六，赋能企业出海，推动融入全球产业链。鼓励企业积极参与国际传统基础设施数字化、网络化、智能化升级改造。从政策上鼓励数字企业产品出海、技术出海，提高国际化水平，加快培育具有国际竞争力的大型软件企业和平台企业。要在确保网络安全和数据安全的前提下，处理好相关企业"走出去"面对的日趋严格的国际监管环境。要在开放中积极参与数字经济国际合作，主动参与、引领国际组织数字经济议题谈判和各种规则标准的制定。

第七，完善监管体制，提升数字经济治理水平。要遵循数字技术和产业发展的规律，既要防止平台垄断和资本无序扩张，防止掏空实体经济，防止假冒伪劣产品大行其道，防止平台企业成为垄断数字经济；更要鼓励、引领和规范平台企业的发展。各级干部亟待提高市场经济条件下治理数字经济的能力和水平，不能简单化，不能一刀切。要完善规范平台运营管理的法律体系，建立规范的运营规则，形成以平台服务为核心的运营管理的标准和文化，打造国家标杆示范企业，建立起兼顾大中小实体企业及平台从业者利益的体系。

第八，加快基础建设，为数字经济提供坚实支撑。加强我国数字经济治理的基础建设，构建国家基础数据库或建立国家数据管理局。鼓励公共数据脱敏共享，加快个人数据隐私保护立法。建立企业数据的反垄断规则和防火墙机制，修订通过后的《中华人民共和国反垄断法》要发挥作用，做好平台数据算法和数据技术的监管服务。

（三）推动新基建发展需要关注的重点方面

新基建是以新发展理念为引领，以技术创新为驱动，以信息网络为基础，面向高质量发展需要，提供数字转型、智能升级、融合创新等服务的基础设施体系。传统基建解决了物和人的连接，公路、铁路、机场、港口、码头的修建给区域带来繁荣的商业；而数字化新基建解决了超大规模数据的连接、交互和处理，能够给传统的基建插上腾飞的翅膀，激发经济发展的内生动力和新动能。当前，我国经济发展面临多重压力，未来持续加大新基建投资强度，已成为经济增长的重要引擎。

其一,强化规划引领,做好顶层设计,制定中长期战略规划和短期行动计划。明确新基建发展的基本思路、发展目标和发展任务,圈定推进新基建发展重点、发展路径和优先顺序。根据区域特点和行业需求,统筹规划区域和行业布局,制定重点领域专项规划。推进新基建的指导意见、实施细则、建设指南等政策研究,出台有关投资、财税、金融、人才、科技研发等方面的扶持政策。加快新基建领域标准化研究和建设,围绕新型网络、数据智能、可信安全等前沿技术,鼓励制定相关国家标准、行业标准、地方标准和团体标准,围绕技术研发、工程实施、维护管理、安全监管等方面,研究建立企业、行业标准。

其二,建立健全新基建投融资体系,创新投资建设模式。坚持以市场投入为主,充分利用市场手段,拓宽资金来源,支持多元主体参与建设,发挥政府资金对投资的引导带动作用,创新投融资方式,鼓励金融机构创新产品强化服务,有效调动社会资本参与积极性,加快构建政府引导、企业主导、市场运作的新型基础设施投融资体系。通过税收减免、投资补助、贷款贴息等方式支持新型基础设施项目,更多地吸引社会资本投资。鼓励符合条件的新型基础设施项目积极参与基础设施领域不动产投资信托基金(REITs)试点。鼓励技术研发和创新创业,合理规划、分配政府资金流向,加大对具备创新能力的企业投入,增加企业研发经费,给予创新创业企业在税收方面更大力度的支持。

其三,坚持需求引导,根据发展需要和产业潜力推进新型基础设施建设。要着眼国内需求，以应用为导向，挖掘中国市场规模巨大的潜能，以政府、企业和公众需求为驱动，聚焦重点领域积极拓展新型基础设施应用场景，探索规划可持续的商业模式。瞄准产业升级和智能制造发展，引导各方合力建设工业互联网。加快新基建进度，不是简单的基础设施建设，而是要与产业化应用协调推进，既能增强基建稳增长的传统属性，又可以助推创新和拓展新消费、新制造、新服务。围绕教育、医疗、交通等重点行业领域，加强研究，鼓励支持创新示范应用，促进网上办公、远程教育、远程医疗、车联网、智慧城市等应用，打造智慧城市、智慧交通、智慧医疗等新模式新业态，激活城市发展的巨大需求潜力，适应群众数字消费新需求。

其四，把参与新基建的"新主体"放在更加突出位置。进一步优化营商环境，提高新基建相关领域开放水平和竞争性，降低市场准入门槛，尤其是有一定收益的项目要对民间资本一视同仁，切实做到持续吸引扩大投资主体。政府、市场和企业相互支持配合，区分基础设施和商业应用，前者政府和市场一起，后者更多依靠市场和企业，市场能干的尽可能交给市场。政府和企业要有合理的分工，企业先行，如果企业不行，政府再做。政府所属机构应该多提供一些行业公共产品，政府应该帮助企业拓展海外市场，为企业创造更好国际营商环境，要为数字服务的落地提供机会。此外，还要通过人才政策吸引新基建相关高层次人才，着力培育提高技术型、复合型和创新型的"新基建"人才资本质量。

其五，抓好重大项目建设，加快项目落地见效。加快新型基础设施项目谋划，充足项目储备。继续深化审批改革，通过精简审批流程、创新审批机制等方式加快项目前期手续办理，缩短手续办理周期。针对新型基础设施项目开工用地特点和需求，精准配置土地资源要素，优先保障、足量保障。强化重大项目协调调度机制，抓好项目协调落实，推动项目早落地、早建设、早投用、早见效。加快"东数西算"的战略布局，积极稳妥推进重大的起牵引作用的数字化工程。建议组建大型国有康养集团，对康养产业进行整合和重构，盘活存量资源，为解决养老和康养产业发展提供支撑。

第三章　高质量发展要以经济高质量发展为中心

经济高质量发展，明确提出于 2017 年党的十九大，并在 2017 年的中央经济工作会议上得到进一步阐释，后构成有关中国经济发展问题的判断和主题。以习近平同志为核心的党中央提出的经济高质量发展，是党和国家基于中国特色社会主义进入新时代的历史方位、社会主要矛盾与发展格局重要变化，着眼于我国发展阶段、发展环境、发展条件面临的机遇与挑战，对中国经济发展阶段的科学判断；是当前和今后一个时期，贯彻新发展理念、确定发展思路、制定经济政策、实施宏观调控的根本要求；是立足社会主义现代化建设全局的战略选择，更是建设创新型国家，推动经济发展速度换挡、动力转换、结构优化，实现更有效率、更大动力、更为公平、更加安全、更可持续的高水平自立自强发展的必然要求。

一、经济高质量发展的提出与落实

中国共产党在领导和团结全国各族人民进行经济建设的过程中，坚持探索经济发展的一般规律，深刻把握中国经济发展的特殊规律，逐渐形成并深化对于经济发展的规律性认识，在不同历史时期形成了一系列不断完善发展的经济理论与经济战略，特别是在新时代中国特色社会主义提出了"经济高质量发展"这一重大原创性的经济判断与经济理论，以此推动了中国特色社会主义经济学的创新发展。

（一）提出经济高质量发展的理论逻辑

我国经济发展由高速增长转向高质量发展，是中国经济发展实践和发展理论演进的结果。经济高质量发展源于中国共产党不断深化对于经济规律的认识，是在长期的经济工作实践中得出的重要思想，是中国共产党经济思想的最新发展成果。理解和把握提出经济高质量发展的理论逻辑，必须植根于中国共产党经济思想发展史。

社会主义革命和建设时期，以毛泽东同志为主要代表的中国共产党人就怎样"进行社会主义革命，推进社会主义建设"展开探索，得出了有关经济发展的最初理论成果。党的八大根据我国社会主义改造基本完成后的形势，提出国内主要矛盾已经不再是工人阶级和资产阶级的矛盾，作出"我们国内的主要矛盾，已经是人民对于建立先进的工业国的要求同落后的农业国的现实之间的矛盾，已经是人民对于经济文化迅速发展的需要同当前经济文化不能满足人民需要的状况之间的矛盾"[①] 的重要判断，并以此为依据做出了有关发展的系列重要判断。毛泽东特别强调经济发展过程的综合平衡问题，创造性地提出系统发展、协调发展思想，认为"社会主义经济发展过程中，经常出现不按比例、不平衡的情况，要求我们按比例和综合平衡"[②]，指出应根据中国具体情况遵循经济规律，并要关注经济发展中各个部门之间的比例以及与人民生活水平之间的关系。在《论十大关系》中，毛泽东对社会主义建设道路的总体关系和全面布局做出了深刻判断，提出"从发展的观点看"的重要思想方法，强调要以全面的、辩证的观点看待发展问题，认为"限制发展是错误的，不能限制发展"，但是"要采取积极合理发展的方针"，[③] 形成了关于发展问题的重要判断与思想。遗憾的是，由于社会主义革命和建设的复杂性、艰巨性，且没有现成的理论和经验可以照搬和遵循，中国经济建设的探索出现了曲折。1958 年，党的八大二次会议通过"鼓足干劲、力争上游、多快好省地建设社会主义"的总路线，对发展提出了"快"与"好"的要求，

---

① 《中共中央文件选集（1949 年 10 月—1966 年 5 月）》第 24 册，人民出版社 2013 年版，第 248 页。

② 《毛泽东文集》第八卷，人民出版社 1999 年版，第 119—120 页。

③ 《毛泽东年谱（1949—1976）》第二卷，中央文献出版社 2013 年版，第 539—540 页。

导致了以高指标、浮夸风为重要特征的"大跃进"运动的产生，严重影响了我国社会主义事业的发展。新中国成立初期部分宝贵的经济思想与探索经验没有坚持下来，党的八大形成的正确路线也未能完全坚持下去。"大跃进"、人民公社化等运动，特别是"文化大革命"十年内乱，违背了经济建设所必须遵循的客观规律，致使我国社会主义建设在一段时间内遭受严重挫折。值得肯定的是，党在社会主义革命和建设中取得的独创性理论成果，为在新的历史时期开创中国特色社会主义提供了宝贵经验与理论准备。

改革开放和社会主义现代化建设时期，以邓小平同志为主要代表的中国共产党人围绕中国特色社会主义的经济发展问题创造性地提出了一系列经济观点和经济思想，形成了中国特色社会主义政治经济学，在中国共产党经济思想史上书写了光辉篇章。1978 年，党的十一届三中全会作出了把党和国家工作重心转移到经济建设上来和实行改革开放的伟大决策。1981 年，党的十一届六中全会通过的《关于建国以来党的若干历史问题的决议》，明确了社会主要矛盾为"人民日益增长的物质文化需要同落后的社会生产之间的矛盾"。1981 年底全国人大五届四次会议的《政府工作报告》，首次把"经济效益"作为经济建设的方针，提出要"走出一条速度比较实在、经济效益比较好、人民可以得到更多实惠的新路子"①。基于对社会主要矛盾的把握，党的十三大提出了社会主义初级阶段理论，并制定了以经济建设为中心的党的基本路线，将"效益"提到经济发展战略的高度，强调

---

① 《十一届三中全会以来重要文献选读》上册，人民出版社 1987 年版，第 361 页。

必须坚定不移地贯彻执行"注重效益、提高质量、协调发展、稳定增长的战略",并且明确提出要"从粗放经营为主逐步转上集约经营为主的轨道"。1992 年,邓小平在南方谈话中强调"能发展就不要阻挡,有条件的地方要尽可能搞快点,只要是讲效益,讲质量,搞外向型经济,就没有什么可以担心的"①。邓小平突出了效益、质量,更多地还是强调速度,指出"低速度就等于停步,甚至等于后退"②。在"发展才是硬道理"的重要论断影响下,经济增长速度成为当时的中国首要考虑的问题。世纪之交,以江泽民同志为主要代表的中国共产党人提出了"三个代表"重要思想,把解放和发展生产力与中国共产党的先进性联系起来,明确中国共产党要始终坚持促进生产力发展,强调"发展是党执政兴国的第一要务",认为能否解决好发展问题直接关系到人心向背、事业兴衰,实现了我们党在执政理念上的与时俱进。以此出发,江泽民提出要以科技进步实现经济增长方式的变革:"努力提高科技进步在经济增长中所占的含量,促进整个经济由粗放经营向集约经营转变"③,并提出要走新型工业化道路等判断。可见,从党的十四大到十六大,中国共产党不断总结发展过程中的经验和教训,逐步将"整体素质不断提高""资源消耗低""环境污染少"等要求纳入到对发展的要求之中,突出了资源、环境、可持续发展与发展问题的内在关联。21 世纪初,以胡锦涛同志为主要代表的中国共产党人创造性地提出了科学发展观,深化了我们党对于发展的认识。科学发展

---

① 《邓小平文选》第三卷,人民出版社 1993 年版,第 375 页。
② 《邓小平文选》第三卷,人民出版社 1993 年版,第 375 页。
③ 《江泽民文选》第一卷,人民出版社 2006 年版,第 233 页。

观明确提出要"坚持以人为本",强调必须坚持"全面、协调、可持续"的发展,回答了新形势下有关发展的系列重大问题。胡锦涛在党的十七大提出要"促进经济增长由主要依靠投资、出口拉动向依靠消费、投资、出口协调拉动转变,由主要依靠第二产业带动向依靠第一、第二、第三产业协同带动转变,由主要依靠物质资源消耗向主要依靠科技进步、劳动者素质提高、管理创新转变"[①]。党和国家已经注意到了转变经济发展方式的重要性。

中国特色社会主义进入新时代,随着中国经济的发展与调整,对中国经济的判断与理论分析也发生重要变化——经济高质量发展在此背景下应运而生。2013年10月,习近平总书记在亚太经合组织工商领导人峰会上发表重要演讲,强调:"中国经济已经进入新的发展阶段,正在进行深刻的方式转变和结构调整。""我们不再简单以国内生产总值增长率论英雄,而是强调以提高经济增长质量和效益为立足点。"[②] 在同年12月的中央经济工作会议上,习近平总书记作出了中国经济正处于"三期叠加"状况的重要判断。2014年5月,习近平总书记在河南开封、郑州等地考察工作,明确提出"新常态"重要论断,强调要从当前我国经济发展的阶段性特征出发,适应新常态,保持战略上的平常心态。此后,习近平总书记在多次讲话中阐述了"新常态"的内涵,特别是在2014年12月的中央经济工作会议上从消费需求、投资需求、出口和国际收支、生产能力和产业组织方式、生产要素相对优势、市场竞争特点、资源环境约束、经济风险积累和化

---

① 《胡锦涛文选》第二卷,人民出版社2016年版,第630页。
② 《习近平谈治国理政》第一卷,外文出版社2018年版,第345—346页。

解、资源配置模式和宏观调控方式等九个方面分析了我国经济发展新常态带来的趋势性变化。适应把握引领新常态，是我国经济发展的大逻辑，也是推动经济高质量发展的逻辑前提。2015 年 10 月，习近平总书记在党的十八届五中全会上首次提出新发展理念。2017 年 10 月，经济高质量发展在党的十九大报告中首次提出。习近平总书记在十九大报告中，作出了"我国经济已由高速增长阶段转向高质量发展阶段，正处在转变发展方式、优化经济结构、转换增长动力的攻关期"[1] 这一重大判断。2017 年 12 月，习近平总书记在中央经济工作会议上进一步阐述了经济高质量发展，提出中国特色社会主义进入了新时代，我国经济发展也进入了新时代，基本特征就是我国经济已由高速增长阶段转向高质量发展阶段。推动高质量发展是遵循经济发展规律、保持经济持续健康发展的必然要求，也是适应我国社会主要矛盾变化和全面建成小康社会、全面建设社会主义现代化国家的必然要求。2018 年，习近平总书记在中央经济工作会议上指出："推动高质量发展是我们当前和今后一个时期确定发展思路、制定经济政策、实施宏观调控的根本要求。"[2]2020 年 4 月，习近平总书记在中央财经委第七次会议上首次提出构建新发展格局重要思想。2020 年 8 月，习近平总书记主持召开经济社会领域专家座谈会，提出"我国将进入新发展阶段"的重要判断。立足新发展阶段，贯彻新发展理念，构建新发展格局成为经济发展的重要主题，也是推动实现经济高质量发展的必然

---

[1] 习近平：《决胜全面建成小康社会 夺取新时代中国特色社会主义伟大胜利——在中国共产党第十九次全国代表大会上的报告》，人民出版社 2017 年版，第 30 页。

[2] 《习近平谈治国理政》第三卷，外文出版社 2020 年版，第 239 页。

路径。十九届五中全会通过的《中共中央关于制定国民经济和社会发展第十四个五年规划和二〇三五年远景目标的建议》，以及2021年3月出台的《中华人民共和国国民经济和社会发展第十四个五年规划和2035年远景目标纲要》都明确提出，以推动高质量发展为主题。由此可见，"经济高质量发展"是中国共产党经济思想一脉相承而又与时俱进的理论成果，是习近平新时代中国特色社会主义经济思想的重要内容，以此开辟了中国特色社会主义政治经济学关于经济发展理论的新境界。

从2017年党的十九大报告首次提出至今，实践已经证明，高质量发展是引领我国经济"十三五"取得历史性成就的指南针，是"十四五"乃至更长时期我国经济社会发展的主题，关系我国社会主义现代化建设全局。

（二）提出经济高质量发展的实践逻辑

党的十八大以来，我们党不断深化对经济形势和任务的认识，逐渐得出经济高质量发展这一重要判断与理论。经济高质量发展的提出，既是立足历史，对我国发展成就、发展阶段、发展经验的深刻把握，又是针对现在，对我国发展不平衡、不协调、不可持续问题的充分研判，还是着眼未来，对发展环境、发展条件、发展主题的综合判断。

第一，经济高质量发展是应对新时代中国社会主要矛盾转换的主动作为。党的百年奋斗历程表明，党和人民事业能不能沿着正确方向前进，取决于我们能否准确认识和把握社会主要矛盾、确定中心任务。1981年，党的十一届六中全会通过的《关于建国以来党的若干历史问题的决议》回到了有关社会主要矛盾的正确判断上，以此明确了坚持以经济建设为中心的根本任务。经过几十年的经济建设与社会发展，中国经济社会发展取得全方位的成就，创造出经济快速发展奇迹，国家经济实力大幅跃升。同时，由于一些地方和部门存在片面追求速度规模、发展方式粗放等问题，加上国际金融危机后世界经济持续低迷影响，经济结构性、体制性矛盾不断积累，发展不平衡、不协调、不可持续问题十分突出。党的十九大报告指出："我国社会主要矛盾已经转化为人民日益增长的美好生活需要和不平衡不充分的发展之间的矛盾。"这一重大判断，是自 1981 年以来有关社会主要矛盾表述的首次改变，也是基于中国特色社会主义最新发展的深刻总结，构成了未来一段时间内党和国家确定主要任务和工作的根本依据。具体而言，社会主要矛盾变化是高质量发展的逻辑起点，经济发展阶段变化是高质量发展的逻辑基础，社会主要矛盾变化同经济发展阶段变化一体两面。新时代社会主要矛盾的转化表明，我国长期所处的短缺经济和供给不足的状况已经发生根本性改变，也就是总体上已经解决了"有没有"的问题。进一步而言，发展不平衡不充分的问题逐渐凸显，供给相对不足和供给结构性失衡仍然突出。同时，人民对美好生活需要呈现出多样化、多层次、多方面的特点，不仅在物质文化生活方面，而且在民主、法治、公平、正义、安全、环境等方面均提出要求。在此背景下，高质量发展就是从"有没有"转向"好不好"，不断朝着更高质量、更有效率、更加公平、更可持续的方向前进，从而满足人民日益增长的美好生活需要，最终落脚于解决好新时代我国社会主要矛盾。

第二，经济高质量发展是适应中国经济发展阶段转换的积极应对。经过改革开放以来几十年的发展，我国经济实现了跨越式的发展。1979—2020 年，中国国内生产总值年均增长 9.2%，远高于同期世界经济增速。我国国内生产总值从 1978 年的 3678.7 亿元增长至 2021 年的 1143670 亿元，经济总量牢牢稳居世界第二位，占全球经济比重上升到 18% 以上，人均国内生产总值达到 1.25 万美元，接近了高收入国家门槛。其间 2003—2007 年，我国经济连续五年保持两位数的高速增长，2008 年受国际金融危机影响回落到一位数增长，2010 年后，中国经济增速持续单边下行，经济增长从高速转向中高速。习近平总书记提出的"新常态"，其最基本的特征是经济增长速度的转换，即经济增长从高速转向中高速。实际上，经济增速的转变符合经济发展一般历程。从西方发达国家的经济发展历程来看，工业化早期普遍能够实现较为高速的经济增长，工业化后期则会经历从高速增长到中高速增长再到稳定增长的阶段转换。西方国家的发展历程印证了经济发展的一般规律，也就是经济增长方式转变对于经济增长速度的影响，即实现主要由通过劳动、资本等要素投入实现数量扩张，到依赖技术创新、人力资本积累等方式实现质量型增长的阶段转变。从反面教训来看，"中等收入陷阱"成为需要警惕的现实问题，这是由于"中等收入陷阱"的产生往往与经济发展动力不足、产业升级与经济转型不充分具有内在联系，体现的是通过投入大量资源推动经济发展的不可持续性。由此可见，推动经济高质量发展，不仅符合经济发展规律，更是利用经济发展规律、推动经济发展阶段转换的主动作为，也就是在经济增长速度进行"换挡"、经济增长目标向合理区间进行"收敛"的过程中，主动进行增长速度转换、产业结构调整、经济增长动力变化、资源配置方式转换、经济福祉包容共享等，以此跨越"中等收入陷阱"，实现生产方式变革与全方位的经济转型升级。

第三，经济高质量发展是推动质量变革、效率变革、动力变革的客观要求。首先，从经济质量而言，我国经济过去主要看重经济增长速度，推动经济高质量发展则是向重视量的发展，更加重视质的解决转向。换言之，经济高质量发展的内在要求是树立质量第一的意识，在推动经济发展实现量的合理增长和质的稳步提升过程中，重点提升发展质量。其次，从经济效率而言，由资源、劳动、资本与全要素生产率等构成的生产要素在我国经济发展中的地位发生了重要变化。劳动力要素方面，在经过"刘易斯转折点"并且"人口红利"面临消失的情况下，中国通过劳动力在部门间的转移所获得的资源重新配置效应，以及劳动力无限供给所赢得的稳定的资本报酬效应，都将逐渐消失。资本要素方面，存在着资本形成率占 GDP 的比重过高以及投资效率仍然不高等问题；资源要素方面，高投入、高耗能甚至高污染的粗放式增长方式也为环境带来了极大破坏，加剧了资源的紧张状况。因此，推动效率变革应着力提升劳动生产率、投资回报率、资源配置效率，加快推进有利于提高资源配置效率的改革。最后，从经济动力而言，出口和投资已经难以大规模拉动经济增长，第二产业技术含量总体偏低等问题客观存在。推动高质量发展与实现动力变革相一致，即经济增长向依靠消费、投资、出口协调拉动，向第一、第二、第三产业协同带动转变。

第四，经济高质量发展是应对百年未有之大变局的必然选择。当今世界正经历百年未有之大变局，新冠疫情全球大流行使这个大变局加速演进，经济全球化遭遇逆流，保护主义、单边主义上升，世界经济低迷，国际贸易和投资大幅萎缩，国际经济、科技、文化、安全、政治等格局都在发生深刻调整，世界进入动荡变革期。百年未有之大变局不仅深刻反映了既有经济领域全球增长动能不足、全球经济治理滞后、全球发展失衡三大突出矛盾没有得到有效解决，也预示着新一轮科技革命和产业变革带来的新陈代谢和激烈竞争前所未有。新旧动能交替之际，彰显了在科学技术发展所处重要节点，世界局势的复杂性与不确定性。同时，全球产业链、供应链遭受冲击，治理赤字、信任赤字、发展赤字、和平赤字仍在扩大。单边主义、保护主义、霸凌行径上升，经济全球化遭遇逆流，加剧了世界经济中的风险和不确定性。在此背景下，推动经济高质量发展才能在科技创新的制高点占据历史主动，才能加速科技成果向现实生产力转化，提升产业链水平，维护产业链安全，才能抓住技术革命和产业变革重要机遇，才能以历史主动的姿态应对百年未有之大变局，于危机中育先机、于变局中开新局。

第五，经济高质量发展是实现新时代发展目标的必由之路。党的十八大以来，以习近平同志为核心的党中央坚定不移打赢脱贫攻坚战，历史性地解决了绝对贫困问题，在中华大地上全面建成了小康社会，实现了第一个百年奋斗目标。党的十九届五中全会对开启全面建设社会主义现代化国家新征程作出庄严宣告，将人民生活更加美好、人的全面发展、全体人民共同富裕取得更明显的实质性进展定位到二〇三五年基本实现社会主义现代化远景目标，绘就到 2050 年基本实现全体人民共同富裕的宏伟蓝图，开启向第二个百年奋斗目标进军的新征程。立足于当前现代化发展阶段，推动经济高质量发展，关系我国社会主义现代化建设全局，是跨越中等收入陷阱、实现共同富裕的必然要求，是推动形成经济繁荣、政治民主、社会公平、生态良好发展态势的内在基础，是构筑全面建成社会主义现代化国家坚实经济基础、为其他领域现代化提供有力建设、推动我国现代化事业实现新跨越、迈上新台阶的必由之路。

（三）推动经济高质量发展的政策措施

实践政策方面，在中央层面，2020 年 11 月的《中共中央关于制定国民经济和社会发展第十四个五年规划和二〇三五年远景目标的建议》以高质量发展为主题，提出了新目标、新理念、新方略，明确了高质量发展不仅是经济发展，更是社会、生态、文化、国家治理体系的应然要求。党中央、国务院不仅明确了高质量发展是经济发展的主题，还对地区的高质量发展作出了一系列重要部署。2019 年 1 月，中共中央、国务院印发《关于支持河北雄安新区全面深化改革和扩大开放的指导意见》。2019 年 2 月，中共中央、国务院印发实施《粤港澳大湾区发展规划纲要》。2019 年 5 月，中共中央、国务院印发《国家生态文明试验区（海南）实施方案》。2019 年 6 月，中共中央、国务院印发的《关于支持浦东新区改革开放再出发　实现新时代高质量发展的若干意见》从制度创新、经济发展、政府治理、绿色生态四个维度全方位支持浦东新区推动实现高质量发展。2019 年 8 月，中共中央、国务院印发《关于支持深圳建设中国特色社会主义先行示范区的意见》，支持深圳高举新时代改革开放旗帜、建设中国特色社会主义先行示范区，在更高起点、更高层次、更高目标上推进改革开放，形成全面深化改革、全面扩大开放新格局；更好实施粤港澳大湾区战略，丰富"一国两制"事业发展新实践；率先探索全面建设社会主义现代化强国新路径，为实现中华民族伟大复兴的中国梦提供有力支撑。2019 年 12 月，中共中央、国务院印发《长江三角洲区域一体化发展规划纲要》，意味着长三角区域一体化发展迎来了更加崭新的时代篇章，长三角将迈入更高质量的一体化发展阶段。2020 年 4 月，中共中央、国务院印发的《关于构建更加完善的要素市场化配置体制机制的意见》为推动经济发展质量变革、效率变革、动力变革提供重要支撑。2020 年 5 月，中共中央、国务院印发《关于新时代加快完善社会主义市场经济体制的意见》，从高水平社会主义市场经济体制角度为经济高质量发展提供重要制度支撑。2020 年 5 月，中共中央、国务院印发的《关于新时代推进西部大开发形成新格局的指导意见》，对加快形成西部大开发新格局，推动西部地区高质量发展提出了三十六条具体措施。2020 年 6 月，中共中央、国务院印发了《海南自由贸易港建设总体方案》，中国特色自由贸易港建设迈出关键一步。2021 年 4 月，《中共中央国务院关于新时代推动中部地区高质量发展的意见》对中部地区的崛起，特别是中部地区的高质量发展的目标任务、具体措施、方法路径进行了科学部署。2021 年 6 月，中共中央、国务院发布《关于支持浙江高质量发展建设共同富裕示范区的意见》，赋予浙江重要示范改革任务，先行先试、作出示范，为全国推动共同富裕提供省域范例。2021 年 10 月，中共中央、国务院印发了《黄河流域生态保护和高质量发展规划纲要》，对于扎实推进黄河流域生态保护和高质量发展具有重大意义。2022 年 1 月，把握数字化发展新机遇，拓展经济发展新空间，推动我国数字经济健康发展，国务院印发《"十四五"数字经济发展规划》。2022 年 4 月，中共中央、国务院发布了《关于加快建设全国统一大市场的意见》，为实现更高质量、更有效率、更加公平、更可持续的发展奠定了坚实基础。这一系列政策文件，不仅有助于推动地区经济的高质量发展，还为中国经济高质量发展奠定了重要制度基础。

二、经济高质量发展的内涵和特征

（一）经济高质量发展的理论背景

一是马克思主义政治经济学关于经济发展的理论。第一，经济发展的界定。马克思主义政治经济学认为，生产力和生产关系的矛盾运动是人类社会发展的根本动力。经济发展，是不断解放和发展社会生产力的过程，也就是在生产力和生产关系矛盾的运动中构建生产方式的历史过程，直接表现为经济增长、财富积累和社会进步。第二，经济发展与生产方式。生产方式突出的是不同社会之下的生产类型，即不同社会基本经济制度下的生产，而社会基本经济制度的区别成为理解生产方式差异的关键。社会基本经济制度体现的是"生产什么、怎样生产以及怎样交换产品"，即由所有制结构、分配制度和经济体制所构成。由此，"对既定社会基本经济制度认识的历史观以及所有制结构、分配制度和经济体制三个方面规定，构成马克思主义政治经济学关于社会基本经济制度'一观三制'的整体结构和总体关系"。在此意义上，经济高质量发展与生产方式的转变，特别是与基本经济制度变革紧密联系。第三，经济发展与扩大再生产。马克思主义政治经济学认为，扩大再生产有两种类型，即外延式扩大再生产与内涵式扩大再生产，"如果生产场所扩大了，就是在外延上扩大，如果生产资料效率提高了，就是在内涵上扩大"①。外延式扩大再生产就是通过生产要素的增加、生产场所的扩大等方式实现的生产规模的扩大；内涵式扩大再生产则为通过生产技术的进步与生产要素的利用率的提高、改善生产要素质量、提高劳动生产率等方式实现生产规模的扩大。经济高质量发展显然侧重于内涵式扩大再生产，凸显了生产效率、科学技术对于经济发展的重要意义。

二是西方经济学关于经济增长的理论。早期西方经济学家通常把经济发展等同于经济增长，主要关注劳动、资本、土地等生产要素的投入与经济增长的重要关联，强调工业化对于经济发展的重要作用。萨缪尔森等（1999）认为，经济增长代表一国潜在国内生产总值（GDP）增加，是一国生产可能性边界（PPF）向外移动。②因此，经济增长主要是生产资料量的增加与产品质量和效率的提高两方面的结果。20世纪50—60年代，伴随着由经济增长所引发的各类社会问题愈演愈烈，西方经济学家逐渐扩充了经济增长的含义。技术、环境、

① 《马克思恩格斯文集》第6卷，人民出版社2009年版，第192页。
② ［美］保罗·萨缪尔森、威廉·诺德豪斯：《经济学》，萧琛等译，华夏出版社1999年版，第418页。

资源、农村、制度等被纳入发展范畴，提出了"经济增长质量"等概念。"作为发展速度的补充，它是指构成增长进程的关键性内容。各国的经验都表明了若干项这类问题的重要性：机会的分配、环境的可持续性、全球性风险的管理，以及治理结构。"①可见，在西方经济学视域中，经济增长质量概念还涉及经济结构、技术、环境、制度等内容。

（二）经济高质量发展的多重内涵

一是从发展目标来看，高质量发展致力于实现"更高质量、更有效率、更加公平、更可持续"的发展，以此满足人民日益增长的美好生活需要和推动人的全面发展。习近平总书记在党的十九大报告中指出："解放和发展社会生产力，是社会主义的本质要求。我们要激发全社会创造力和发展活力，努力实现更高质量、更有效率、更加公平、更可持续的发展!"在此意义上，"更高质量、更有效率、更加公平、更可持续"即为中国特色社会主义新时代经济发展的战略目标。另一方面，高质量发展的提出与落实，全方位贯彻着以人民为中心的根本立场，强调的是发展为了人民、发展依靠人民、发展成果由人民共享。简言之，高质量发展是能够更好满足人民不断增长的真实需要的经济发展方式、结构和动力状态。

二是从发展方式来看，高质量发展意味着经济发展方式向集约型增长转变。在此意义上，推动高质量发展是实现由要素投入和驱动的

---

① ［印］维诺德·托马斯等：《增长的质量》，张绘、唐仲、林渊译，中国财政经济出版社 2001 年版，第 23 页。

粗放型高速增长，转变为以科技进步、管理水平改善和劳动者素质能力提高为主的集约型增长，推动经济从"数量追赶"转向"质量追赶"，从"规模扩张"转向"结构升级"，从"要素驱动"转向"创新驱动"。

三是从发展内容来看，高质量发展内在包含经济、民生、生态、安全等多方面内容。张军扩等指出："经济高质量发展目标是更高的效率、更加公平、绿色可持续。"换言之，经济效率、公平、绿色等多方面目标要求被纳入了高质量发展的内涵之中。不仅如此，面对百年变局和世纪疫情相互叠加、世界进入新的动荡变革期的复杂局面，特别是世所罕见、史所罕见的风险挑战，更要注重统筹发展与安全，既要以安全促发展，又要以发展保安全。

四是从发展结构来看，高质量发展具有宏观、中观和微观三重视角。从宏观视角而言，高质量发展意味着供给与需求在相互影响中实现动态平衡，意味着经济增长的稳定性、发展的均衡性、环境的协调性、社会的公平性；从中观视角而言，高质量发展体现在产业和区域产业结构与区域协调方面；从微观视角而言，高质量发展不仅表现在产品的种类、数量和质量，也包括一流企业的培育、具有品牌影响力的打造等，还体现在人民的幸福感指数等。

五是从发展要素来看，高质量发展对提高要素质量和配置效率、增加新的生产要素提出了新的要求。以往经济发展主要依赖要素的大量投入。高质量发展，强调了诸如人力资本要素质量提升的重要性，即要提高全要素生产率，实现新旧动能转换，另一方面将"数据要素"等新的生产要素纳入高质量发展之中。

综上而言，从我国经济发展历程来看，经济高质量发展意味着经济体系的变革，特别是现代化经济体系的建设，实现了在广义上对发展问题的概括。

（三）经济高质量发展的重要特征

一是创新成为第一动力。科技是第一生产力，创新是推动科技发展的不竭动力。经济高质量发展意味着，坚持创新在现代化建设全局中的核心地位，把科技自立自强作为国家发展的战略支撑。从经济结构角度而言，科技创新推动着科学和技术不断革命，进而引发了产业结构的变革，使得新生产部门不断涌现，最终极大改变了经济结构。从经济效率角度而言，科技创新往往会造就新的生产工具，并且改进生产工艺，提升生产效率，从而使得单位能源和资源能够被更高效地利用，以此减少环境污染，营造良好生态环境。从经济动力角度而言，科技创新能够使得经济发展摆脱原先所依靠的要素驱动、效率驱动等方式，改变通过加大资源投入推动数量增长的经济发展方式，通过动力变革为经济增长注入源源不断的动力。从经济活力角度而言，国家、企业、个人各自发挥在科技创新中的作用，形成科技创新的合力。

二是协调成为内生特点。经济高质量发展必然对经济结构转型升级提出了更高要求，而经济结构的协调优化也是实现经济高质量发展的重要路径。经济结构包含了产业结构、收入结构、供需结构、区域结构、城乡结构等多元体系。

三是绿色成为普遍形态。经济高质量发展必然对生产方式提出了环保、生态等多方面要求，绿色发展应是高质量发展重要底色。高质量发展还是生态文明体系的构建过程，实现以体制机制、环境执法等系统性建设为生态文明建设保驾护航，促进经济社会发展全面绿色转型，扎实做好碳达峰碳中和工作，建设人与自然和谐共生的现代化。

四是开放成为必由之路。经济高质量发展绝不可能通过闭门造车的方式实现，构建全面对外开放格局应是题中之义。对外开放不仅有助于各国利用比较优势促进专业化分工，还能以合作共赢的方式推动科学技术的共同进步，促进资源流动，更好地利用外国资本等。经济高质量发展还意味着高水平开放型经济新体制，通过推动贸易和投资自由化便利化，推进贸易创新发展。

五是共享成为根本目的。经济建设的过程离不开人民，发展的成果也应由人民共享。经济高质量发展的关键在于人，应把实现好、维护好、发展好最广大人民根本利益作为发展的出发点和落脚点。因此，经济高质量发展应充分调动人民群众的积极性，发挥人民的创造精神、开拓精神。同时，经济高质量发展的成果全民共享，要不断增进民生福祉，实现公共服务供给数量、质量和均等化水平提高，健全基本公共服务体系，不断提升人民生活品质，促进人的全面发展和社会全面进步，完善共建共治共享的社会治理制度，在高质量发展中扎实推动共同富裕，构建公平有序的收入分配格局，让全体人民都能充分地享有发展成果。

三、推动经济高质量发展的重要关系

经济高质量发展涉及方方面面，需要重点把握发展速度和质量、创新和其他要素、供给侧和需求侧等三对关系。

（一）把握发展速度和质量的关系

经济高质量发展，既有高质量的含义，又有发展速度的含义，发展速度和质量并非对立，不能只顾高质量而不顾发展速度。

一方面，保持经济增长在合理区间。经济高速增长时期，GDP的规模和增速是核心目标，经济增长以量衡量。在经济高质量发展时期，同样需要维持一定的经济增长速度，当然经济增长速度不应设置一个具体数值目标，而是要充分考虑就业、物价、民生等因素，设定区间范围。区间下限是稳增长、稳就业，稳增长与稳就业存在互为因果的正相关关系，稳住了增长就稳住了就业，稳住了就业也就稳住了增长，因而可以失业率作为监测指标，经济增长的下限是失业率不能过高；区间上限是防通胀，通货膨胀关系民生和社会稳定，通过宽松的宏观政策可以刺激经济增长，但也可能带来通货膨胀问题，因而可以通胀率作为监测指标，经济增长的上限是通胀率不能过高；区间底线是守住不发生系统性金融风险，2008年国际金融危机的重要启示在于，金融与经济紧密相连，金融风险可以迅速传导至各个领域，必须守住不发生系统性金融风险的底线，为经济增长提供稳定的环境和条件。

另一方面，推动经济迈向高质量发展。我国经济发展质量总体处于逐步提升状态，特别是党的十八大以来，经济发展质量提升最为快速。推动经济迈向高质量发展，必须推动质量变革、效率变革和动力变革。质量变革，浅层次含义指的是提高我国产品和服务的质量，深层次含义则指的是全面提高经济各领域、各主体、各层面的素质，实现系统性、制度性的变革。效率变革指的是找出中低效率的领域和主体，通过市场化竞争手段，不断提高竞争效率，同时还要巩固高效率领域和主体的优势。动力变革指的是在保持土地、劳动力、资本等传统生产要素驱动的基础上，最大限度激发科技、数据等新兴生产要素的驱动作用，提高经济发展的科技含量。

（二）把握创新和其他生产要素的关系

经济高质量发展离不开生产要素的支撑，其中创新占据核心地位，但同时也要激发其他生产要素的活力。

一方面，坚持创新的核心地位。一个国家是否为现代化强国，不仅要看经济总量大小，更要看技术水平和经济结构，要坚持走中国特色自主创新道路，为经济高质量发展提供基础性、关键性的支撑。要强化国家战略科技力量，发挥新型举国体制的优势，打好"卡脖子"等关键核心技术攻坚战，强化"根技术"与"根产业"等的基础性研究，构建综合性的创新高地和平台；要提升企业创新能力，激发企业作为创新主体的优势地位，发挥企业家的重要作用，形成大企业引领、中小微企业参与的创新链条；要激发人才创新活力，健全评价体系，完善科研人员发明成果权益分享机制，全方位培育、引进、用好人才，构筑集聚创新人才高地；完善科技创新体制机制，加强知识产权保护，加大研发投入，完善科技评价机制。

另一方面，激发其他生产要素活力。通过一系列要素市场化改革措施，激发生产要素的活力。土地要素方面，要建立健全城乡统一的建设用地市场，深化产业用地市场化配置改革，鼓励盘活存量建设用地，完善土地管理体制；劳动力要素方面，要深化户籍制度改革，畅通劳动力和人才社会性流动渠道，完善技术技能评价制度，加大人才引进力度；资本要素方面，要完善股票市场基础制度，加快发展债券市场，增加有效金融服务供给，主动有序扩大金融业对外开放。特别是要激发数据要素的活力，作为数字经济时代产生的一种新的生产要素，数据具备关键要素低成本、大规模可获得的基本特性，同时还有非竞争性、低复制成本、非排他性、外部性、即时性等技术和经济特征，这些特征使得数据在微观层面可以提高企业的生产经营效率，在宏观层面可以倍增社会价值创造能力，提高民生福祉。

（三）把握供给侧和需求侧的关系

作为经济学中的重要概念，供给侧和需求侧也是经济高质量发展需要考量的关系。

一是高质量需求牵引高质量供给。市场需求是企业生产的指南针，企业会按照市场需求进行生产决策。在经济高质量发展时期，市场需求也要立足高质量，要注重品质品牌，注重产品和服务的科技化、数字化、智能化、绿色化含量，促进需求向绿色、健康、安全发展。

二是高质量供给创造高质量需求。根据萨伊定律，供给创造自己的需求，高质量供给也会创造高质量需求。历次工业革命都表明，新供给会带来新需求。当前新一轮科技革命和产业变革深入发展，我国要抓住新一轮科技革命的机遇，推动产业转型升级，以高质量的供给创造高质量的需求。

三是形成更高水平的供需动态平衡。具体包括：其一，供给侧和需求侧的平衡。供给侧和需求侧的平衡并不等同于数量上的绝对相等，而是一种供给可以适当多于需求，需求可以适当多于供给的相对平衡，这种平衡的关键在于要素能够自由流动、充分竞争，最大限度地发挥潜力。其二，供给侧和需求侧的动态平衡。供给侧和需求侧的平衡并不要求时刻都要处于平衡，特别是在短期内，可能因为要素流动和组合的差异而产生一定程度的失衡，但从长期看要处于相对平衡，是一种动态平衡。其三，供给侧和需求侧的动态平衡具有高水平。供给侧和需求侧的动态平衡，是一种高水平的动态平衡，高水平就体现在高质量的供给、高质量的需求，以及高质量的供给和需求的互相作用。

四、推动经济高质量发展的实践路径

党的十九大指出，中国特色社会主义进入新时代，我国经济已由高速增长阶段转向高质量发展阶段。推动经济高质量发展是一个系统性工程，其实践路径内在涵盖多个方面。

推动高质量发展，必须围绕建设现代化经济体系这一战略目标。建设现代化经济体系是跨越关口的迫切要求和我国发展的战略目标，是推动高质量发展、全面提高经济整体竞争力的必然要求。从经济的增长动力看，现代化经济体系是以创新作为经济增长的驱动力，经济增长的源泉依靠创新带来的全要素生产率提升；从经济体系要素结构看，现代化经济体系具有高端要素集聚和现代产业主导的特征，而且劳动力、资本和技术等各个生产要素以及各个产业、区域、城乡子系统呈现结构协调性；从体系的运行机制看，现代化经济体系是高效配置资源的成熟的市场化体制机制，体系内各类市场主体公平竞争、具有活力，政府宏观调控政策科学有度；从系统环境看，现代化经济体系面临的是全方位开放、高度不确定性的国际化环境，这要求经济系统也必须具有动态开放特征，从而对环境具有很好的适应性；从发展目标看，现代化经济体系追求高质量经济发展目标，保证国家经济具有竞争力和可持续性、包容性的发展。现代化经济体系是由社会经济活动各个环节、各个层面、各个领域的相互关系和内在联系构成的一个有机整体。建设现代化经济体系，关乎生产、分配、流通和消费等经济运行总体和各个环节。

从生产角度而言，推动经济高质量发展必须以推进供给侧结构性改革为主线，全面贯彻新发展理念，努力解决发展的不平衡不充分的问题。除扩大有效和中高端供给以及减少无效和低端供给以外，最重要的还是通过科技创新构筑经济增长的强大动力，培育新的动能，创造出能够满足实际需要的供给，以生产为消费提供外在的对象，将消费能力本身当作需要创造出来。贯彻新发展理念，深化供给侧结构性改革，最终造就现代化的产业链。"十四五"期间，各地应考虑怎样运用当地比较优势制定规划，来推动产业转型升级。应努力实现战略性产业的突破，确立主导性产业，在国际竞争中占据产业链的中高端的同时，又能够保证产业链的安全，最终实现在价值链上的不断上升。

从分配角度而言，推动经济高质量发展应完善分配机制、优化分配格局，扎实推动共同富裕。政治经济学已经揭示，分配本身是生产的产物，分配的结构完全决定于生产的结构。社会主义市场经济视角下的分配问题，应以实现共同富裕为目标，着力于分配制度改革，构建保障性体制机制和政策体系。其中，初次分配制度改革的重点在于合理安排劳动、资本和财政收入在国民收入中的比例，稳步提高居民收入在国民收入分配中的比重；消除垄断行业的过高收入和各种不合理收入或非法收入，缩小居民收入差距；把中等收入群体倍增作为高质量发展的重要战略，培育中等收入阶层，提高中等收入群体的比重。再分配制度改革的重点应在于完善税收制度和财政转移支付制度；完善公共财政制度，把更多的财政资金投向公共服务领域，更多地满足基本公共服务的需要；完善覆盖城乡居民的社会保障体系等。第三次分配方面，应支持有意愿有能力的企业和社会群体积极参与公益慈善事业。构建保障性体制机制和政策体系应建设高质量教育体系，发展更加包容、更加公平、更高质量的教育；构建全面、公平、容易进入的充分就业体系；坚持实施区域重大战略、区域协调发展战略、主体功能区战略、乡村振兴战略，完善新型城镇化战略；实施符合我国国情和金融现实的普惠金融发展战略等。

从流通角度而言，推动经济高质量发展应打通堵点、解决难点、消除卡点，加快建设高效的现代流通体系，为构建以国内大循环为主体、国内国际双循环相互促进的新发展格局提供支撑。建设现代流通体系对构建新发展格局具有重要意义，包括生产信息畅通、要素流动畅通、物流体系畅通等多个方面的工作，有助于推进市场设施高标准联通，加快建设全国统一大市场。

把实施扩大内需战略同深化供给侧结构性改革有机结合起来

从消费角度而言，推动经济高质量发展把需求侧管理与供给侧结构性改革结合起来，培育强大的消费市场。一是持续释放消费潜力，形成强大国内市场。二是调节需求结构，提高需求质量，形成需求和供给的动态平衡。三是建设现代化经济体系。现代化经济体系的构建离不开内循环的畅通，尤其是需求侧的传导。需求侧的管理有助于发挥消费对产业发展的带动作用，促进产业升级，完善产业门类。在推动经济高质量发展时，加强需求侧管理应注重优化收入分配结构，牢牢把握推进共同富裕的重要原则；加强需求侧管理还要处理好消费、储蓄与投资的关系，引导居民适当降低储蓄率、扩大消费，发挥好投资对优化结构的重要作用；加强需求侧管理还可以利用好数字平台，推动产业数字化转型，实现对需求的精准满足，发展新型消费形式，发挥大数据、云平台对于需求侧的管理和促进作用。

贯穿于生产、分配、流通、消费的社会经济关系，是制度环境体系的建设。制度环境体系建设的关键在于构建高质量发展的指标体系、政策体系、标准体系、统计体系、绩效评价体系、政绩考核体系。转入高质量发展轨道，需要重构推动高质量发展的地方竞争机制，推进与高质量发展配套的重点改革，加快营造与高质量发展相适应的体制政策环境，真正做实做优中国经济。

总结而言，推动经济高质量发展仍然需要解放和发展社会生产力，全面贯彻新发展理念，实现社会生产力水平总体跃升，核心要求在于构建现代化经济体系。现代化经济体系是与高质量发展阶段相适应的经济系统，是一个具有创新力的体系，是一个协调平衡的经济体系，是一个以人民为中心的经济体系。高质量发展不仅是经济方面的要求，更是经济社会等各方面发展的总体要求。拓展经济高质量发展的视域成为深化研究的必要选择。

五、经济高质量发展的理论创新意义

以习近平同志为核心的党中央统筹中华民族伟大复兴战略全局和世界百年未有之大变局，把中国经济发展放到历史长河、时代大潮和全球视野中来观察和谋划，提出具有政治性、方向性、时代性和全局性的经济高质量发展战略判断与重大理论，必将在马克思主义政治经济学理论、中国共产党经济思想史、中国经济现代化史与世界经济发展史中谱写新篇章。

第一，开拓了当代中国马克思主义政治经济学的新境界。作为习近平新时代中国特色社会主义经济思想的重要成果，经济高质量发展理论不仅实现了对发展经济学的超越，而且是中国特色社会主义政治经济学创新发展的重大成果。其一，深刻体现了马克思主义政治经济学的核心要义。高质量发展凸显了所有制结构、分配制度、经济运行等一系列基本经济制度，使用"发展"代替"增长"，拓展了有关经济发展认识的内涵与外延，强调要在生产力与生产关系的矛盾运动中把握经济发展。其二，全面拓展了西方经济学有关发展问题的视域。经济高质量发展不仅涉及经济增长的数量和质量，而且是指比经济增长质量范围更宽、要求更高的质量状态，包含了经济、社会、环境等多方面的内容。同时，经济高质量发展并非意味着不再关注经济增速，而是强调质与量的协调发展，在数量的扩张与质量的提高并举时，更加重视质量的提升。其三，系统构建了基于高质量发展的经济理论体系。经济高质量发展理论充分把握人类发展理念的演进规律，在全面总结我国各阶段建设经验的基础上，形成一整套内部要素相辅相成的理论体系，展现出社会主义发展理念的继承性、创新性、实践性和战略性，推动了中国特色社会主义政治经济学的发展，既有着鲜明的中国特色，又有着广泛的世界影响。

第二，标注了中国共产党经济思想关于发展问题的新高度。作为中国共产党经济思想的重要成果，经济高质量发展与中国共产党有关发展理论一脉相承并与时俱进。一方面，经济高质量发展理论全面体现了以人民为中心的发展思路，坚持了马克思主义政治经济学的根本立场。另一方面，经济高质量发展深刻回答了我们处在什么发展阶段、实现什么样的发展、怎样发展等重大问题。经济高质量发展集中体现了创新、协调、绿色、开放、共享的新发展理念，不仅是对国内外发展经验教训的深刻总结，而且是在深入分析国内外发展大势的基础上提出来的，集中反映了党对我国经济发展规律的新认识，顺应了经济社会发展客观规律的要求，是依据中国经济发展成就与最新实践所形成的理论成果。

　　第三，为实现中国经济现代化、全面建设社会主义现代化国家提供了根本遵循。面对着全面建设社会主义现代化国家新征程与实现第二个百年奋斗目标的宏伟蓝图，经济高质量发展的重要理论展示了从量的扩张为主转向质的提高为主的客观经济规律，深化了对经济现代化规律的认识，明确了经济发展方向，指明了经济发展方式，确定了经济发展目标，标明了经济发展战略，明晰了经济发展道路，为新时代中国经济现代化提供了全方位的理论指导。经济高质量发展之路，不仅是中国共产党领导经济现代化的宝贵成果，展示了以人民为中心的经济现代化的根本立场，而且是社会主义现代化国家构筑坚强经济基础的必由之路，与西方国家经济现代化道路有着本质区别，还是中国式现代化关于经济发展问题的集中表达，必将推动中国经济现代化行稳致远，引导着中国经济现代化事业不断前进。

　　第四，为推动全球经济稳定和增长贡献了中国智慧与发展方案。当前，世界正处在百年未有之大变局中，世界经济格局也处于重要变动时期。习近平总书记指出，世界经济领域三大突出矛盾没有得到有效解决：全球增长动能不足，难以支撑世界经济持续稳定增长；全球经济治理滞后，难以适应世界经济新变化；全球发展失衡，难以满足人们对美好生活的期待。在回答如何跳出"中等收入陷阱"、解决贫富两极分化等经济难题上，中国以供给侧结构性改革为抓手，坚持以创新驱动经济实现高质量发展，构建新发展格局中强调国内国际双循环相互促进，坚定不移扩大对外开放，为开放型世界经济发展提供了重要动力，展现大国担当，彰显大国风采，展现了超越西方国家崛起之路的崭新经济模式，为世界经济解决三大矛盾、平衡收入与经济增长等关系贡献了中国智慧和发展方案。要言之，在中国共产党领导人民成功走出中国式现代化道路、创造了人类文明新形态的伟大历史进程中，经济高质量发展理论与发展道路，必将为世界经济发展作出新贡献。

第四章　在中国式现代化进程中
扎实推进共同富裕

共同富裕是社会主义的本质要求，是中国共产党初心使命的深刻体现，是中国特色社会主义道路的显著优势，是中国式现代化的本质要求，是高质量发展的根本目的。党的十八大以来，习近平总书记高度重视共同富裕问题，发表了一系列关于共同富裕的重要论述，深刻回答了新时代为什么要实现共同富裕、实现什么样的共同富裕以及怎样实现共同富裕等重大理论与实践问题，尤其强调要坚持以人民为中心的发展思想，在高质量发展中促进共同富裕。党的二十大报告强调，到2035

年的远景目标是"全体人民共同富裕取得更为明显的实质性进展"。结合习近平总书记的重要讲话和党中央的战略部署，建议实施"三个倍增"行动，即到 2035 年基本实现现代化时，实施居民人均收入倍增、中等收入群体规模倍增和市场主体数量倍增的"三个倍增"行动。

一、中国式现代化与扎实推进共同富裕

在完成脱贫攻坚、全面建成小康社会之后，特别是在全面建设社会主义现代化强国新征程中，以习近平同志为核心的党中央对共同富裕高度重视。习近平总书记讲，共同富裕是社会主义的本质要求，是中国式现代化的重要特征，要坚持以人民为中心的

中国式现代化与扎实推进共同富裕

发展思想，在高质量发展中促进共同富裕。这里讲到共同富裕是本质要求、重要特征，也就是说中国式现代化，要把这个本质要求和重要特征体现出来。习近平总书记又说，我们说的共同富裕是全体人民共同富裕，而且是人民群众物质生活精神生活都富裕，不是少数人的富裕，也不是整齐划一的平均主义。

（一）为什么中国共产党重视共同富裕问题

共同富裕是社会主义的本质要求，是人民群众的共同期盼，是我们党孜孜不倦的奋斗目标。几千年来老百姓对小康和大同都有梦想，但是在旧的社会中、在封建社会中，这些好的想法愿望是没法实

现的。中国共产党把推动共同富裕的历史责任担在肩上，虽然我们不能一下子就共同富裕，但我们是按照这个目标去走的，符合马克思一贯的思想，我们这么多年来，扎实推动共同富裕，体现了我们党的宗旨，也体现了马克思主义的要求。

在新的发展阶段的历史起点上，我国有条件有能力逐步扎实推进共同富裕。毛泽东当年就讲过"共同富裕"，但是没再多讲，因为那个时候国家实力还很弱，最重要的是怎么摆脱贫穷的问题，离富裕还很远。到邓小平的时候也讲这个事，说将来要逐步实现共同富裕，得有人先富起来才行，所以得制定一个大政策让一部分人一部分企业先富起来，然后先富带后富，波浪型地发展。经过几十年的发展，现在我们是世界第二大经济体了，国家社会长期稳定，我们有能力也有办法来干这个事。

从中国和世界的历史经验启示看，能不能搞好社会分配，公平问题至关重要。从国内看，中国古代发生的农民起义、农民战争，农民也喊出口号"等贵贱均贫富"等等，包括太平天国的《天朝田亩制度》，有很多好的想法，都没有能够真正地实现。另外，从国外的情况看，像拉丁美洲国家，产业上不去、科技上不去，造成了就业的困难，社会两极分化就很严重，矛盾激化、社会动荡不安。美国等西方国家，现在的财富分布也不合理，例如美国的占领华尔街运动、法国的"黄马甲"事件等等，都是百姓对财富分配不公的反应。从中国和世界历史经验看，这个问题对社会稳定特别重要。

共同富裕是中国式现代化的重要特征。中国共产党在探索中国现代化道路的过程中积累了大量的经验，也有很多重要的启示，这些重要的历史经验和重要的启示是难得的财富，也坚定了我们把共同富裕这件事情做好的决心和信心。

以习近平同志为核心的党中央破解我国发展难题的艰辛探索，体现了推动高质量发展和实现高品质生活的雄心壮志。习近平总书记在梁家河当了7年的农民，对陕北农村是有深刻认识的，他在陕北看到了中国农村的贫困、落后、荒凉、闭塞，甚至有点愚昧。后来到福建宁德当地委书记的时候，那也是个穷地方，当年他也进行了很多艰苦的探索，后来还写了一本书叫《摆脱贫困》。他对贫困是有深刻认识的，当了总书记以后，下了很大的决心来推动这件事情。

（二）共同富裕不是"什么"

如何理解共同富裕的丰富内涵？首先我们分析一下共同富裕不是什么，因为习近平总书记讲了扎实推动共同富裕以后，社会上很关注，有些企业家更关注，特别是一些民营企业家，有的就有点担心。

共同富裕不是绝对公平吃"大锅饭"，不是没有差别的平均主义。有这样一种议论，说共同富裕是吃"大锅饭"，是搞平均主义，我们说不是这样的，过去我们搞过平均主义，搞过"大锅饭"，结果人人受穷，我们要接受这个教训，不能再搞。

共同富裕不是"杀富济贫"，不是"均贫富"的财富分配。有的人说这个共同富裕是杀富济贫，我们说不是的，中央财办的有关领导答记者问时，还专门强调这个问题，我们不搞打土豪分田地。

三次分配不是强制，不是"逼捐""诱捐"通行证。有的人问第三次分配是不是强制分配，是不是要逼着我们捐款，是不是诱捐？我们说三次分配是通过激发各类治理主体的创新活力实现效率与公平、引导与自愿、法律与道德的平衡，使市场、政府、公民、企业共同成为践行社会责任和推动共同富裕的主体。我们国家对分配的调节，包括第三次分配，发展公益事业慈善事业，鼓励企业家捐款，鼓励企业干一些慈善事业公益事业，但不能说是逼着捐款，也不是诱捐，这一点必须明确。企业有能力就捐，要没有能力捐，把企业做好，创造就业创造税收，那也是为国家作贡献；当然企业要有能力了，有更大的想法，愿意捐款、愿意帮助穷人帮助社会，国家也要通过各种制度的完善，鼓励和表彰这种行为。

共同富裕不是福利主义。有人认为搞共同富裕是不是要像西方那个福利主义那样，那肯定不是，西方的福利主义现在都有点走不下去了，高福利带来了很多问题，所以中国不能政府什么都包起来，政府也没这个能力都包起来。促进共同富裕，要防止落入福利主义陷阱，不能"等靠要""养懒汉"，得创造价值才行。

共同富裕不是同时同步同等富裕，不是整齐划一的同步富裕、同等富裕。有人说共同富裕是不是得同步富裕，大家得挣一样的钱？我们说不是这样的。共同富裕不是同等富裕也不是同步富裕，不是整齐划一的，这一点说清楚，因为每个人出身不一样，家庭教育不一样，身板体格都不一样，爱好不一样，参加工作的岗位不一样，时间也不一样，经验也不一样，怎么能挣一样的钱呢？

不能对相关行业正常管理错误解读。有的人把这几年房价调控、教育双减、反垄断，都觉得这是共同富裕闹的，这些事要说跟共同富裕一点关系没有也不好这么说，但是我们说这些工作都是正常的行业管理，不要将其硬与共同富裕扯上关系。

共同富裕不仅仅是收入问题，也不是单纯的经济问题。有人说这个共同富裕，就是挣钱多才行，收入提高了就是共同富裕。城乡居民收入增长确实很重要，共同富裕的基础和前提应该是这个问题，但是共同富裕不是单单的经济问题，不是说钱多了就共同富裕了，前面我们说还涉及好多其他方面的内容，需要我们当作一个整体的概念来把握。

（三）共同富裕的内涵

第一，从实现内容来看，共同富裕应该包含了物质文明、精神文明和生态文明。之所以加上生态文明，是因为它不仅包含人和人的关系，人和自然的关系也要处理好。

第二，从实现主体来看，共同富裕是全体人民人人有份共同享有，不是少数人的富裕。习近平总书记说全面建成小康社会一个也不能少，共同富裕路上一个也不能掉队，这也体现了社会主义的思想，这是我们共产党的一个初心和使命。

第三，从实现目标来看，共同富裕要求既要解放和发展生产力，又要防止两极分化。要通过解放和发展生产力来创造更多的物质产品和精神产品，让人民过上美好生活，但是同时社会主义要消除剥削，防止两极分化，这一点在任何时候都要引起我们的注意，就要通过制度的调整，比如三次分配制度，通过一些道德的倡导、理想信念的倡导，来防止两极分化。

第四，从实现程度来看，共同富裕承认一定程度合理的差异。习近平总书记说，我们要实现 14 亿人共同富裕，必须脚踏实地、久久为功，不是所有人都同时富裕，也不是所有地区同时达到一个富裕水平，不同人群不仅实现富裕的程度有高有低，时间上也会有先有后，不同地区富裕程度还会存在一定差异，不可能齐头并进。

第五，从实现方向来看，共同富裕的实现与追求公平正义是相一致的。习近平总书记讲公平正义是中国特色社会主义的内在要求，共同富裕是中国特色社会主义的根本原则，必须要想办法使发展成果更多更公平地惠及全体人民，朝着共同富裕的方向稳步前进。

第六，从实现方式来看，共同富裕依靠的是共同奋斗与制度安排。幸福生活都是奋斗出来的，党中央鼓励我们靠勤劳靠智慧来奋斗，不能靠躺平，靠共同的奋斗把蛋糕做大、把蛋糕做好，做出那个优质的蛋糕，这样将来我们才好分。同时也需要有制度安排，没有一个好的制度安排，蛋糕做大了、蛋糕做好了，谁都想把它搬家去，这肯定不行，分配上也有一些安排才行。

第七，从实现过程来看，共同富裕的实现是一个长期的历史过程，具有长期性、复杂性、艰巨性。党中央提出到"十四五"末，全体人民共同富裕迈出坚实步伐，居民收入和实际消费水平差距逐渐缩小；到 2035 年基本实现社会主义现代化的时候，全体人民共同富裕取得更为明显的实质性进展，基本公共服务实现均等化；到本世纪中叶全体人民共同富裕基本实现，居民收入和实际消费水平差距缩小到合理区间，所以从这个意义上讲，我们对长期性、复杂性、艰巨性要有一个深刻的认识。

（四）推进共同富裕的基本原则

推进共同富裕是有基本原则、有总体思路的。

第一，要鼓励勤劳与创新致富。我们说共同富裕不是搞"大锅饭"，不是搞平均主义，是要共同奋斗共同发展来创造财富、来分享国家进步的成功，不能"等靠要"，更不能躺平。

第二，要坚持公有制经济和非公有制经济的共同发展。要通过打造市场化、法治化、国际化的营商环境，不断激发市场主体活力。只有市场主体活了，市场主体有积极性了，才能创造更多的就业。现在每年有 1000 多万大学生毕业，高校毕业生就业难度很大，必须要想办法创造更多的就业，创造就业就得发展市场主体，所以党的二十大报告将就业作为最基本的民生，必须想办法按照就业优先的方式来解决这些问题。

第三，要尽力而为、量力而行。实现共同富裕是中国共产党的初心和使命，是社会主义的本质要求，所以要尽力而为；所谓量力而行，是因为这个事特别难，需要一个长期的过程，对于政府来讲，不能好高骛远，不能提过高的口号，不能吊高胃口，要实事求是，把保障和改善民生，推动共同富裕，建立在经济发展和财力可持续的基础之上。

第四，要把循序渐进和先行示范结合起来。共同富裕是个长远目标，我们对这种长期性艰巨性复杂性要有充分估计，要有耐心，一件事一件事地把它办好。党中央特别提出把浙江全省作为高质量发展和共同富裕的示范区，希望他们更好地创造经验，然后形成可复制可推广的经验，带动全国高质量发展、实现共同富裕。一方面，浙江整个经济发展、人均收入在全国排在前列，城乡二元经济破除得非常好，城乡居民收入的差距在逐渐缩小，全国是 1：2.5，浙江全省是 1：1.9，浙江有的县是 1：1.6，基本上城市和农村之间收入已经没有什么差别了，为破解城乡二元经济作出了贡献。另一方面，浙江民营经济发展得非常好，像满天的星斗一样战斗在中国大地上、战斗在世界上，为中国的市场经济出力，也创造了很多就业。此外，浙江生态工作做得也很好，环境保护得不错，政府在"放管服"改革中探索"最多跑一次"，有些改革老百姓给予很好的评价，对全国扎实推动共同富裕有重要的指导意义。

第五，要处理好先富和后富的关系。我们说要合法致富，符合经济社会发展的一般规律，总是得有一伙人先富起来，但是先富起来的人，要珍惜整个国家的改革发展大环境，要示范带动群众勤劳致富、创新致富，要多贡献智慧，帮助更多的人富起来才行。

（五）推进共同富裕的总的思路

坚持走共同富裕的道路，全面加强党的领导，通过加强党的领导更好地让共同富裕这件事情走在正确的道路上。坚持以人民为中心的发展思想，在高质量发展中促进共同富裕，建设更加完善的市场经济体制，推动发展更平衡更协调更包容。正确处理好效率和公平的关系，构建初次分配、再分配、三次分配协调配套的基础性的制度安排。

现在国家正在努力地完善以上三个层次的基础性制度。党的二十大报告特别强调要规范财富积累机制。第一层意思是要起到一个规范和引领的作用，首先是对财富分配机制规范引领；第二层意思是要起到保护作用，保护合法财产，保护公有财产，保护私有财产，将来可能从流量和存量两个方面来规范财富积累机制，这涉及国家将来有一系列法律出台，比如说房产税、遗产税、赠予税等等，这些都需要长期安排，围绕共同富裕问题搞好系统性的制度的集成创新。

初次分配主要靠市场来解决。国家希望有能力的企业给劳动者报酬稍微高一点，但对于有些能力尚不足的企业，要以发展为主，坚持发展，延续企业生命力，给社会创造更多的就业，这也是为国家作贡献。

培育中等收入阶层，提高中等收入群体的比重。前面我们也讲了，要拓宽居民劳动收入和财产性收入的渠道，要对高收入人群进行一些规范和调节，依法保护合法收入，合理地调节过高收入，坚决取缔非法收入。再分配主要是靠政府的转移支付，靠政府搞公共服务、建立社会保障等来解决。三次分配主要是靠社会。企业和社会来参加公益事业，参加慈善事业，包括有些志愿者行动，国家都是提倡的，这方面我们要积极努力，使三次分配发挥重要的作用。希望形成一个中间大、两头小的橄榄型的分配结构，有更多的中等收入群体、规模逐渐扩大，这样对我们国家长期稳定、社会进步都有非常大的好处。

完善公共服务的政策制度体系，促进基本公共服务的功能。这涉及很多方面，比如托幼、教育、就业、养老、医疗等等，这些工作需要国家拿出钱来去做，把它做好，这个钱不一定打到每个人的户头上，但是这些工作做得好，基本公共服务做得好，老百姓可能就少花钱，甚至不掏钱，老百姓没有后顾之忧，就能拿出更多的钱去消费，就能够更好地去为构建一个超大规模的市场来贡献力量，政府的基本公共服务政策对国家发展意义非常重大。

提升人民的精神生活，满足人民对美好生活的向往。党中央提出要弘扬中华优秀传统文化，实际上就是希望我们将社会中好的东西发扬光大，不好的把它剔除掉。让好的东西留下来，更好地支撑人民精神生活世界。

要注意农村农民问题。党中央也特别深刻地意识到促进共同富裕最艰巨最繁重的任务在农村，要和乡村振兴战略结合起来、协调起来。党的二十大报告中提出要建设农业强国的要求，对粮食安全、种子安全以及相关方面的安全都提出了更高的要求。

中国共产党在 100 年的奋斗中已经交出了一份很好的答卷，现在我们正走在实现中华民族伟大复兴的第二个百年奋斗目标的新的赶考路上。我们希望，中国式现代化的不断推进、共同富裕的扎实推进，为我们实现中华民族伟大复兴，提供源源不断的力量。

二、以"三个倍增"夯实中国式现代化的基础

(一) 实施"三个倍增"行动的战略价值

到 2035 年基本实现社会主义现代化是宏伟蓝图，需要一系列的具体行动加以支撑，实施"三个倍增"行动，既是全面建设社会主义

现代化国家的坚实基础，又是扎实推进共同富裕的有力抓手，还是跨越"中等收入陷阱"并稳步跻身高收入社会的重要保障。

1. 实施"三个倍增"行动是全面建设社会主义现代化国家的坚实基础

从农业社会迈进工业社会，再向信息社会和更高阶段的社会转型，现代化作为一种世界范围的经济社会转型和文明进步，是各国发展的必然选择和不懈追求。中国共产党自 1921 年成立之日起，就将现代化作为孜孜以求的奋斗方向。历经百年探索，中国走出了一条中国式现代化道路，实现了人类历史上前所未有的大变革，开创了人类历史上最有影响的现代化发展之路。中国式现代化是中国共产党领导的社会主义现代化，体现着社会主义的本质和发挥着中国特色社会主义制度的优势，是人口规模巨大、追求全体人民共同富裕的现代化。

西方国家在追求现代化的过程中，出现了少数人富裕、多数人被奴役的两极分化，只顾眼前、不可持续的福利社会等现象。从理论层面看，人均收入水平与收入分配差距长期呈现库兹涅茨倒 U 形关系。当人均收入水平低于某个阈值时，经济发展可能更加倾向于效率，收入分配差距会随着人均收入水平的提高而提高；人均收入水平超过某个阈值时，经济发展可能更倾向于公平，收入分配差距会随着人均收入水平的提高而降低。从实际层面看，全球收入不平等问题突出。从 20 世纪 80 年代开始，发达国家的收入不平等问题加剧，美国前 1% 高收入群体收入占全体居民收入的比重从 20 世纪 70 年代的 8.5% 持续上升到 2018 年的 19.8%，欧洲同期则从 7.5% 上升至 10.4%。收入不平等问题不仅在发达国家较为突出，在发展中国家也出现新变化，以俄罗斯为例，前1%高收入群体收入占全体居民收入的比重在20世纪80年代初期仅为4%，到21世纪则上升到20%以上，在低收入群体占比下降又回升的情况下，中等收入群体占比受到很大程度的挤压。①法国经济学家皮凯蒂在《21世纪资本论》里，对西方国家贫富分化加剧，财富向财团和金融寡头手中流动加快，中等收入群体比重下降，做了非常深刻的解释，值得我们高度重视。

实施"三个倍增"行动，一方面通过居民人均收入倍增促进了发展的充分性，另一方面通过中等收入群体规模倍增促进了发展的平衡性，在充分且平衡的发展中人民日益增长的美好生活需要不断被满足，社会主义现代化国家建设的质量逐步得到保证。而这些的实现，均需要市场主体的不断增加和壮大，特别是能够实现市场主体的倍增意义重大。实施"三个倍增"行动集中体现了中国式现代化对西方现代化的超越和扬弃，有助于推动到2035年基本实现现代化并为全面建设社会主义现代化国家从物质要素、人力资本、社会环境等方面奠定坚实的基础。

2. 实施"三个倍增"行动是扎实推进共同富裕的有力抓手

中国共产党始终把实现全体人民的共同富裕当作自己的初心和使命。新中国成立之初，毛泽东就把实现共同富裕作为选择社会主义制度的依据，指出"现在我们实行这么一种制度，这么一种计划，是可以一年一年走向更富更强的，一年一年可以看到更富更强些。而这个

---

① 参见《专访人民大学宋扬：全球不平等存七大典型事实 扩大中等收入群体需关注两大冲击》，《证券时报》2022年1月26日。

富，是共同的富，这个强，是共同的强"，"这种共同富裕，是有把握的"。① 改革开放后，我们党深刻总结正反两方面历史经验，打破传统体制束缚，邓小平提出"一部分地区、一部分人可以先富起来，带动和帮助其他地区、其他的人，逐步达到共同富裕"②，创造性地使用"小康社会"描绘中国式现代化发展前景，展现了走向共同富裕的发展阶段。

党的十八大以来，以习近平同志为核心的党中央，打赢脱贫攻坚战，历史性地解决了困扰中华民族几千年的绝对贫困问题，从全面建成小康社会向共同富裕迈出了坚实的一步。党的十九大对全体人民共同富裕作出"两阶段"战略安排，第一阶段实现"人民生活更为宽裕，中等收入群体比例明显提高，城乡区域发展差距和居民生活水平差距显著缩小，基本公共服务均等化基本实现，全体人民共同富裕迈出坚实步伐"，第二阶段"全体人民共同富裕基本实现"。党的十九届五中全会对第一个阶段的战略目标提出了更高的要求，要求"人的全面发展，全体人民共同富裕取得更为明显的实质性进展"。党的二十大确立了全体人民共同富裕的中国式现代化特征和本质要求的地位，"坚持把实现人民对美好生活的向往作为现代化建设的出发点和落脚点，着力维护和促进社会公平正义，着力促进全体人民共同富裕，坚决防止两极分化"。为了按时保质完成全体人民共同富裕的战略安排，在实际工作中应该明确一个扎实推进共同富裕的抓手。"三个倍增"行动与第一个阶段的工作要求相适应，可以作为推进共同富裕工作的着

---

① 《毛泽东文集》第六卷，人民出版社 1999 年版，第 495—496 页。
② 《邓小平文选》第三卷，人民出版社 1993 年版，第 149 页。

力点和衡量共同富裕进度的"温度计"。

3. 实施"三个倍增"行动是跨越"中等收入陷阱"并稳步跻身高收入国家的重要保障

以"人均国民收入水平"来划分一个经济体的发展阶段，是经济学界的一种重要分析方法。按照世界银行提出的划分标准，世界上的国家和地区可以划分为低收入、中等偏下收入、中等偏上收入(即"上中等收入")、高收入共四种类型，其中人均国民收入低于 975 美元以下的为低收入国家和地区，中等收入国家和地区的人均国民收入是在 976 美元至 11905 美元之间。"中等收入陷阱"的概念来自世界银行 2006 年发布的《东亚经济发展报告》，是指鲜有中等收入的经济体成功地跻身高收入国家，这些国家往往陷入了经济增长的停滞期。

在 1960 年的 101 个中等收入经济体中，到 2008 年只有 13 个成功晋升至高收入经济体，也就是说，87% 的中等收入经济体被锁定在了"中等收入陷阱"而无法迈进高收入阶段。这些国家陷入"中等收入陷阱"的原因很多，但最为根本的就是在经济增长阶段出现了收入分配的两极分化，没有形成足够规模且稳定的中等收入群体，进而滞缓了制度变迁和动力转化，出现了增长停滞，导致了经济和社会问题丛生。

2021 年我国人均国内生产总值已经超过为 1.2 万美元，中等收入群体约为 4 亿人，尽管从绝对数值上已经超过了中等收入国家的标准，但是这个水平仍然不高且不牢固，可以说当前我国正处于跨越"中等收入陷阱"的关键期，稍有不慎就可能落入"中等收入陷阱"。实施"三个倍增"行动有助于消除分配差距过大问题，使人民群众共享经济社会发展的成果，能够有力推动我国实现从中高收入国家到高收入国家的转变。

（二）实施"三个倍增"行动的现实要求

党的十九届五中全会提出了到 2035 年基本实现社会主义现代化的远景目标，其中对"全体人民共同富裕取得更为明显的实质性进展"提出了明确要求，即"人均国内生产总值达到中等发达国家水平，中等收入群体显著扩大，基本公共服务实现均等化，城乡区域发展差距和居民生活水平差距明显缩小"。党的二十大报告提出到 2035 年基本实现社会主义现代化时，"经济实力、科技实力、综合国力大幅跃升，人均国内生产总值迈上新的大台阶，达到中等发达国家水平……人民生活更加幸福美好，居民人均可支配收入再上新台阶，中等收入群体比重明显提高……人的全面发展、全体人民共同富裕取得更为明显的实质性进展"。

1. 实现"人均国内生产总值达到中等发达国家水平"目标，要求居民人均收入倍增

当前对于中等发达国家的界定还没有形成统一的标准，一般而言存在三种定义方式。第一种方式是将世界银行所列的"中等收入"国家水平等同于中等发达国家水平，第二种方式是将中等发达国家水平等价于发达国家人均国内生产总值的平均值或中位数，第三种方式是将中等发达国家水平视为是距离高度发达国家还有一定距离的中等发达国家的人均国内生产总值水平。相比较而言，第三种定义方式更能反映出到 2035 年"基本实现社会主义现代化"的远景

目标。

联合国根据人文发展指数将各个经济体的发展程度划分为"很高""高""中等"和"低"四类,其中,发展程度处于"中等"和"低"的均是欠发达和发展中经济体,发展程度"很高"的均为公认已实现高度现代化的发达经济体,如美国、日本、英国等。由此,可以将发展程度处于"很高"和"高"之间的发达国家视为中等发达国家。①中等发达国家包含 15 个经济体,人均国内生产总值在 2 万—3 万美元。2021 年我国人均国内生产总值为 1.26 万美元,如果到 2035 年能翻一番,就能达到 2.5 万美元或略多一些,就大体达到了中等发达国家水平的目标。考虑到居民收入增长与经济增长基本同步的要求,这就要求居民人均收入倍增。

2. 实现"中等收入群体显著扩大"目标,要求中等收入群体规模倍增

按照收入水平将居民划分为低收入、中等收入和高收入三个群体,这三个群体的比重能够直观反映社会整体分配结构。国家统计局将家庭年收入(典型的三口之家)介于 10 万元到 50 万元(2018 年价格)之间的群体定义为中等收入人群,将家庭年收入小于 10 万元的群体定义为低收入人群,将家庭年收入高于 50 万元的群体定义为高收入人群。据此可以估算出,2002 年我国中等收入群体人数只有735.8 万人,但是到 2021 年中等收入群体已经达到 4 亿人左右,占人口比重约为 28%,涉及 1.4 亿个家庭,有购车、购房、闲暇旅游的能

---

① 参见刘伟、陈彦斌:《"两个一百年"奋斗目标之间的经济发展:任务、挑战与应对方略》,《中国社会科学》2021 年第 3 期。

力，中等收入群体的消费对我国经济持续平稳增长形成了有力支撑。换言之，在不到 20 年的时间里，我国中等收入群体规模增长了 54 倍多，不过仍然呈现为"金字塔型"结构。

习近平总书记在中央财经委员会第十次会议强调要"扩大中等收入群体比重，增加低收入群体收入，合理调节高收入，取缔非法收入，形成中间大、两头小的橄榄型分配结构"①，党的十九届五中全会提出到 2035 年要实现"全体人民共同富裕取得更为明显的实质性进展"的目标，这就要求我国整体收入结构实现由"金字塔型"向"橄榄型"的转变，这也给"中等收入群体显著扩大"提出了具体的要求。习近平总书记提出，"我们将坚持以人民为中心，继续提高人民生活水平，使中等收入群体在未来 15 年超过 8 亿，推动超大规模市场不断发展"②，那时我国整体收入结构就变为了"橄榄型"，且得到了一定程度的巩固。应当说居民人均收入倍增和中等收入群体规模倍增具有非常紧密的相关性，都与扎实推进共同富裕取得更加明显的实质性进展有密切关系。实施"三个倍增"行动具有重要的现实意义，值得奋力一搏。

3. 实现"形成超大规模内需市场"目标，要求市场主体数量倍增

构建以国内大循环为主体、国内国际双循环相互促进的新发展格局是以习近平同志为核心的党中央积极应对国际国内形势变化、与时

①　《习近平主持召开中央财经委员会第十次会议强调　在高质量发展中促进共同富裕　统筹做好重大金融风险防范化解工作》，《人民日报》2021 年 8 月 18 日。

②　习近平：《坚守初心　共促发展　开启亚太合作新篇章——在亚太经合组织工商领导人峰会上的书面演讲》，《人民日报》2022 年 11 月 18 日。

俱进提升我国经济发展水平、塑造国际经济合作和竞争新优势作出的战略抉择。新发展阶段，强调"以国内大循环为主体"，既是内外形势的使然，也是历史经验的必然。当前，我国发展的外部环境日趋错综复杂，单边主义、保护主义上升，国际经济循环明显弱化。同时，大国经济的一个突出特征，就是能够形成自我可循环，一般都是以国内大循环为主体。我国是世界第二大经济体，这么大的一个经济体，单纯依靠国际市场是带不动的，应该也必须形成自我可循环的发展格局。当然，以国内大循环为主体，并不是要封闭保守，更不是放弃国际循环，而是强调实现国内国际双循环，在更高开放水平上的双循环相互促进，更好地利用国内和国际两个市场和两种资源。

无论是畅通国内大循环还是更好地参与国际循环，扩大内需都是构建新发展格局的战略基点。内需包括投资和消费两大板块，而投资的目的也是为了消费或更好地消费，因此长远来看消费需求是内需的基础，消费需求不扩大内需就无法可持续地扩大。而扩大消费需求就要突出地呼唤市场主体的活跃和增加，市场主体数量倍增能够通过增加居民人均收入和扩大中等收入群体两个层面为消费需求的扩大提供坚实的支撑，有利于巩固和增强超大规模市场优势，有利于畅通国内大循环，有利于培育新形势下我国参与国际合作和竞争的新优势。

（三）实施"三个倍增"行动的困难挑战

当前，世界百年未有之大变局加速演进，世纪疫情影响深远，实现"三个倍增"，还面临许多困难和挑战。

1. 经济保持中高速增长的压力

从国内看，我国经济发展稳中向好的基本面没有变，但也面临着一系列周期性、结构性、体制性问题相互交织所带来的困难和挑战。宏观层面，我国经济发展面临着从高速增长向中高速增长转换的换挡期，经济结构调整的阵痛期，后疫情时代的政策消化期。中观层面，我国经济存在实体经济内部供给和需求间的结构性失衡，实体经济和虚拟经济间的结构性失衡，房地产部门与国民经济其他部门间的结构性失衡。特别是在新冠疫情暴发以来，我国经济又出现了"需求收缩、供给冲击、预期转弱"的三重压力。微观层面，我国企业面临全球产业链供应链运行不畅、国际大宗商品价格上涨的风险，企业订单不足、用工难用工贵、应收账款回款慢、物流成本高等是既定事实，特别是中小企业、民营企业的成本压力巨大、经营十分困难。

从国际看，2008 年国际金融危机爆发以来全球经济进入深度调整期，叠加新冠疫情的冲击，世界经济深度衰退、复苏乏力。民粹主义、保护主义和单边主义盛行，经济全球化进程不进反退，国际贸易和投资大幅萎缩，国际金融市场动荡，传统安全和非传统安全威胁的因素相互交织。不确定性不稳定性明显增加，俄乌冲突促使各国开始重新审视对外经济政策，地缘政治风险恶化了世界经济增长的预期。

上述各类因素冲击，给对提高人均居民收入和扩大中等收入群体数量至关重要的市场主体带来重创。以民营和中小微企业为例，民营企业分布较广的住宿、餐饮、娱乐、旅游、租赁和商务服务等接触性服务业处于亏损状态；互联网、教育培养行业治理，房地产行业下行，拖累了上下游一大批中小微企业；仅在 2021 年一年时间，全国注吊销民营企业 390.0 万户，新设退出比为 2.2，每新设 2.2 户退出 1 户①；2020 年民间投资增速只有 1%，2021 年也仅恢复至 7%，与 2008 年国际金融危机期间 30% 多的增速相比，还有很大差距。

2. 收入分配中存在的主要问题

分配制度是促进共同富裕的基础性制度，我国坚持按劳分配为主体、多种分配方式并存的分配制度，但在实际中收入分配还存在两方面的问题。

一方面，劳动者报酬占国民总收入的比重有待进一步提高。从纵向看，我国劳动者报酬占国民收入的比重，由 1997 年的 52.71% 下降至 2007 年的 40.65%，此后逐步改善，经 2012 年的 49.16% 上升至 2017 年的 50.94%。尽管经过几十年的努力终于重返 50% 以上，但还没有追平改革开放初期的水平。从横向看，与美国等发达国家相比还有一定的差距。劳动者报酬占国民总收入的比重较低反映了市场工资形成机制的不健全。改革开放以来，在由计划经济向市场经济转型的过程中，工会和政府在劳动者报酬的决定机制和增长机制中长期缺位，雇佣双方集体谈判、政府协调管理的工资形成机制未能有效推进，劳动者权益保护的体制与机制存在许多薄弱环节，导致劳动者在收入分配中往往处于不利地位，劳动者报酬的增长一度长期低于劳动生产率的增长、低于利润率的增长，劳动者没能充分地共享改革开放四十多年来的经济高速增长。党的十八大以来，这种情况有所改

---

① 参见《1.5 亿市场主体支撑经济行稳致远》，《经济日报》2022 年 4 月 1 日。

善，但是距离构建实现共同富裕所要求的市场工资形成机制仍然任重道远。

另一方面，居民收入差距有待进一步缩小。国际上通常使用基尼系数来衡量特定国家的居民收入差距，基尼系数超过 0.4 就说明该国居民收入差距较大。中国的基尼系数在改革开放初为 0.28，1992 年首次超过 0.4，经过短暂波动后，从 1996 年开始一直保持在 0.4 以上且持续增长，2008 年达到 0.49，短暂波动下降后从 2016 年开始再次上升，2021 年仍有 0.47。从城乡和区域来看，2017 年农村人均可支配收入为城镇人均可支配收入的 36.9%；西部地区人均可支配收入为东部地区人均可支配收入的 60.25%；综合考虑其他因素，农村低收入户（20%）人均可支配收入仅为城镇高收入户（20%）人均可支配收入的 4.28%。从财产持有及其收益上看，随着房价等核心财产价格的飙升，2002—2013 年财产最少的 10% 人群的财产份额由 1% 降至 0.3%，财产最多的 10% 人群的财产份额由 37% 增至 48%。[1] 居民收入差距较大反映了收入再分配机制存在缺陷和调节收入分配的基础管理落后。其一，城乡二元分隔体制使得同工不同酬、多劳不多得的扭曲现象广泛存在，城乡居民在享受社会保障和福利、医疗卫生和教育资源等方面存在较大差距，城乡居民的收入差距突出、城乡居民的能力培养和人身健康获得存在不公平之处。其二，税收制度改革缓慢，使得社会财富分配不公的现实难以有效校正。相对于间接税，直接税更能够有效调节收入分配差距。我国的税收以间接税为主，这就

---

① 参见李实：《中国特色社会主义收入分配问题》，《政治经济学评论》2020 年第 1 期。

妨碍了税收在再分配过程中作用的充分发挥。房产税还没有在全国范围推行、遗产和赠与税暂未推出，高收入人群可以通过多种方式合理避税，普通工薪阶层成为纳税的主力。其三，改革处理社会收入分配问题的层次、力度不够，且多头管理、缺乏协调，体制交叉的矛盾突出。一些部门、地方和利益集团以自身利益影响收入分配制度与政策制定，致使收入分配领域的深层次的矛盾问题长期未能得到解决。[①]

3. 基本公共服务中存在的主要问题

基本公共服务均等化是共同富裕的重要内容，尽管党的十八大以来这方面取得了很大成就，但仍然存在问题。

一方面，社会保障水平较低，发展不平衡。党的十八大以来，我国各项社会保障待遇稳步提高，有效改善了低收入群体生活，比如企业职工月人均养老金从 2012 年的 1686 元增长到 2020 年的 2900 元左右，全国月平均失业保险金水平由 2012 年的 686 元提高到 2020 年的 1506 元，但我国社会保障水平仍然滞后于社会经济发展，与欧美国家还有一定的差距。社会保障建设是一项复杂的系统性工程，涉及方方面面，其发展的不平衡性主要体现在以下三个方面。其一，发展理念倚重于收入保护政策，对社会投资式积极福利政策则考虑不足，两条腿走路、两只手都硬的保障格局还未形成。其二，社会保障的项目设置和服务能力在城乡间不平衡。相对于城市较全面的社会救助、社会保险和社会福利项目，农村在生育保险、就业帮扶和职业伤害等方面保障不足；随着基层治理水平和服务能力的提升，农村社会保障服

---

① 参见王春正等：《我国共同富裕道路问题研究》，《全球化》2015 年第 1 期。

务得到优化，但其在信息化水平、便捷化程度上仍然处于劣势地位，从而形成与城市之间的数字鸿沟。其三，社会保障的待遇水平在区域间不平衡。综合实力较强的东部地区社会保障财政补贴充足、待遇水平较高，居民能享受更高水平的社会保障；由于财政实力雄厚，东部地区给予当地企业更多的社会保障优惠政策，以此吸引更多投资和外来务工，这不但能增加社会保障基金，还能进一步提升当地经济水平。反观经济发展水平较低的西部地区，由于缴费人数少、缴费水平低、人口抚养比高、财政补贴能力有限，社会保障基金积累缓慢，导致社会保障发展水平较低。由此来看，肩负促进社会公平的社会保障制度不仅没有缩小地区差异，还使不同地区在这种周而复始的循环中加大差距。①

　　另一方面，在住房、医疗等公共产品供给方面，资本属性需要进一步弱化。从政治经济学的视角看，住房、教育等公共产品是一种特殊的商品，属于劳动力再生产所需商品组合的关键部分，其生产、分配和消费的充足与否、均衡与否直接关系劳动力再生产能够顺利实现的程度。因此，住房、教育等公共产品的生产与供给首要的目的是满足客观的需要，而不是包含投资、投机等在内的市场需求。整体而言，当前住房、医疗等公共产品的供给，民生属性需要进一步凸显，资本属性需要进一步弱化。以住房为例，2002 年后，中国住宅不动产价格一路走高，全国年平均增长率达到 15%，一些城市甚至达到20%，特别是 2007 年、2009 年和 2015 年，一、二线城市的房价年

---

① 参见邓大松、张怡：《社会保障高质量发展：理论内涵、评价指标、困境分析与路径选择》，《华中科技大学学报（社会科学版）》2020 年第 4 期。

增长率更是高达 40% 以上。① 伴随着"房子是用来住的，不是用来炒的"政策的落地，住房价格刹住了飙升的步伐，趋于平缓，然而相对于人均可支配收入，住房价格仍然处于高位水平。住房价格的高企，不仅引导资金脱实向虚，导致了实体经济和房地产市场发展间的不平衡，拖累了经济高质量增长的劲头，而且推高了新生代市民融入城市的成本，加重了居民的债务负担，迟滞了"三个倍增"的实现。

（四）实施"三个倍增"行动的实践进路

实施"三个倍增"行动是一项系统工程，需要在坚持以经济建设为中心的基础上，实行一系列政策措施，共同推动"三个倍增"行动取得实质性进展。

1. 始终坚持以经济建设为中心，放胆解放和发展生产力

2021 年中央经济工作会议再一次强调，坚持以经济建设为中心是党的基本路线的要求，实施"三个倍增"行动，必须继续坚持以经济建设为中心。

其一，把握新发展阶段以经济建设为中心的内涵。中国式现代化进入新发展阶段，社会主要矛盾已经转化为人民日益增长的美好生活需要和不平衡不充分的发展之间的矛盾，中心任务在于破解不平衡不充分发展的问题，这与此前的社会主要矛盾、中心任务有所不同。党的二十大通过的《中国共产党章程》里明确提出"中国共产党在领导社会主义事业中，必须坚持以经济建设为中心，其他各项工作都服从

---

① 参见杨晃、杨朝军：《基于房价和租金视角的中国住宅不动产泡沫研究》，《管理现代化》2021 年第 5 期。

和服务于这个中心"。我们要深化新发展阶段以经济建设为中心的内涵，把以经济建设为中心的旗帜举得更高，紧紧围绕社会主要矛盾、中心任务制定政策，努力破解不平衡不充分发展问题，努力满足人民日益增长的美好生活需要。

其二，营造解放、发展和保护生产力的社会生态环境。社会主义的本质在于解放生产力，发展生产力，消灭剥削，消除两极分化，最终达到共同富裕，这其中解放和发展生产力是重要前提，坚持以经济建设为中心，要营造解放、发展和保护生产力的社会生态环境。特别是面对错综复杂严峻的外部环境，面对需求收缩、供给冲击、预期转弱的三重内部压力，更要营造更加鲜明、浓郁的以经济建设为中心的社会发展环境，形成旗帜鲜明抓发展的政治生态。

2. 实行经济振兴计划，以新发展格局推动经济高质量发展

后疫情时代，经济复苏成为关键，亟须实行经济振兴计划，夯实实施"三个倍增"行动的物质基础。

一是将稳定经济增长放在发展首位。要坚持稳字当头、稳中求进。宏观调控的目标包括经济增长、稳定物价、充分就业、国际收支平衡，这其中经济增长是最为基础和重要的一个目标，可以说只要稳定了经济增长，稳定物价、充分就业和国际收支平衡等目标也都会顺其自然地实现。实施"三个倍增"行动，必须把稳定经济增长长期抓下去，不断增强我国的综合国力和国际竞争力。

二是实行更加积极的宏观调控政策。继续实施积极的财政政策和稳健的货币政策，加强各类政策协调配合，优化疫情防控措施，形成共促高质量发展的合力。积极的财政政策要加力提效，既要增加政

府支出的力度，又要提升政府支出的效率；稳健的货币政策要精准有力，增强支持实体经济力度，精准直达中小微主体，保持流动性合理充裕；产业政策要发展和安全并举，以发展促进安全，以安全保障发展；科技政策要聚焦自立自强，继续实施关键核心技术"卡脖子"的攻坚战；社会政策要兜牢民生底线，持续推进就业、养老、医疗、社会保障等。

三是加快构建新发展格局。发展是党执政兴国的第一要务，生产发展是实现共同富裕的基础和前提。要以经济高质量发展，夯实"三个倍增"行动的基础支撑。当前需要的发展，是侧重于"好不好"的发展，是着力解决发展不平衡不充分问题的发展，一言以蔽之，是高质量发展。以推动高质量发展为主题就要求坚定贯彻创新、协调、绿色、开放、共享的发展理念；就要求加快转变发展方式，提高全要素生产率，实现质量变革、效率变革、动力变革；就要求实现发展质量、结构、规模、速度、效益、安全相统一，达到多重约束条件下的最优解；就要求统筹发展和安全，以高质量的发展助力高水平的安全，以高水平的安全保障高质量的发展；就要求深化供给侧结构性改革，着力解决我国经济中存在的结构性问题，提升供给体系适配性；就要求以扩大内需为战略基点，构建以国内大循环为主体、国内国际双循环相互促进的新发展格局。

3. 确立企业的执行主体地位，让国企敢干、民企敢闯、外企敢投

政府在实施"三个倍增"行动中承担重要角色，但企业更应该是实施"三个倍增"行动的执行主体，要发挥企业和企业家能动性，营造好的政策和制度环境，让国企敢干、民企敢闯、外企敢投，支持中

小微企业发展。

一是让国企敢干。国有企业是中国特色社会主义的重要物质基础和政治基础。要深化国资国企改革，在完成"国企改革三年行动"后，继续开展新一轮国资国企改革；要加快国有经济布局优化和结构调整，按市场化原则推进战略性重组和专业化整合，推进能源、铁路、电信、公用事业等行业竞争性环节市场化改革，清理退出不具备优势非主营业务和低效无效资产，优化国有资本重点投向和领域，加大新型基础设施建设投入，推动互联网、大数据、人工智能等同各产业深度融合；要推动国有资本和国有企业做强做优做大，提升企业核心竞争力，壮大企业规模、提升经营效率、提升创新能力、扩大品牌影响、增强国际能力，建设世界一流企业。

二是让民企敢闯。民营经济是我国经济制度的内在要素，民营经济是社会主义市场经济发展的重要成果，是推动社会主义市场经济发展的重要力量，具有"五六七八九"的特征，即贡献了50%以上的税收，60%以上的国内生产总值，70%以上的技术创新成果，80%以上的城镇劳动就业，90%以上的企业数量。① 要优化民营企业发展环境，依法保护民营企业产权和企业家权益，促进民营经济发展壮大。要切实落实"两个毫不动摇"，针对社会上对我们党是否坚持"两个毫不动摇"的不正确的议论，必须亮明态度，毫不含糊。要从制度和法律上把对国企民企平等对待的要求落下来，从政策上和舆论上鼓励支持民营经济和民营企业发展壮大。各级领导干部都要为民营企业解

---

① 参见习近平：《在民营企业座谈会上的讲话》，《人民日报》2018年11月2日。

难题，办实事，构建亲情政商关系。

三是让外企敢投。根据中国美国商会发布的 2022 年度《中国商业环境调查报告》，58%的美在华企业 2021 年营收实现增长，中国仍然是 60%的企业近期全球投资计划的前三大投资目的地之一，66%的企业计划增加在华投资，83%的企业没有将制造或采购转移出中国的打算。① 要坚持对外开放的基本国策，坚定奉行互利共赢的开放战略，不断以中国新发展为世界提供新机遇，推动建设开放型世界经济，推动贸易和投资自由化便利化，推进双边、区域和多边合作，促进国际宏观经济政策协调。

四是支持中小微企业发展。我国市场主体总量已超过 1.6 亿户，其中小微企业和个体工商户占比超过 99%，承载了近 7 亿人的就业，实施"三个倍增"行动，量多面广的中小微企业是重要支撑。要实施有针对性的措施，比如针对因新冠疫情而无法如期偿还贷款的中小微企业，鼓励银行业金融机构与借款人按市场化原则共同协商延期还本付息，直到帮助因疫情影响暂时遇困的企业渡过难关、恢复发展；要实施有系统性的措施，落实《关于进一步促进中小企业发展的若干意见》《关于进一步支持小型微型企业健康发展的意见》，不断提升措施的系统性；要实施有精准性的措施，根据中小微企业所属行业、交易场景等不同特点，制定精准的扶持措施，确保各项政策落实到每一个中小微企业主体身上。

---

① 参见中国美国商会：《中国商业环境调查报告》，2022 年 3 月 8 日，见 https://www.amchamchina.org/wp-content/uploads/2022/03/AmCham-China-2022-China-Business-Climate-Survey-Report.pdf。

4.规范和引导资本健康发展，支持平台企业在未来经济发展中大显身手

在社会主义市场经济体制下，资本是带动各类生产要素集聚配置的重要纽带，是促进社会生产力发展的重要力量，要引导资本为实施"三个倍增"行动发挥更加积极的作用。

第一，以生产力进步为原则推动资本发展。资本首要职责是推进生产力发展，只要是符合生产力进步方向的资本，都应予以鼓励和支持。以平台经济为例，要推动平台经济与实体经济深度融合，不断增强平台经济的实体化程度，引导各类企业借助现有平台开展数字化转型，挖掘工业互联网的发展潜力，促进实体经济与平台、互联网、数字化等融合发展。同时，要鼓励平台企业参与国家重大科技创新项目，以多种形式将国有资本和非国有资本、实体经济和平台经济进行链接。要大力发展数字经济，支持平台企业在引领发展、创造就业、国际竞争中大显身手。①

第二，科学合理设置资本的"红绿灯"。要正确认识和把握资本的特性和行为规律，为资本设置"红绿灯"，引导资本健康有序和可持续发展。这其中最关键的是如何设置"红绿灯"，必须要以法治作为界限，针对网络经济、数字经济快速发展下的各类问题，以及资本金融化下的各类风险，要不断完善法律法规体系，从资本准入、资本运作、资本分配等各方面予以明确规定，引导资本为实施"三个倍增"行动发挥更加积极的作用。

---

① 参见《中央经济工作会议在北京举行》，《光明日报》2022 年 12 月 17 日。

第三，强化民生资本的民生属性。民生资本不同于其他资本，民生产品的特殊属性就决定了民生资本必须要体现特有的民生属性，不能把利润的获取视为唯一的目的，应该把民生保障纳入目标函数，切实承担起改善民生的责任。从改进措施上看，要加强民生资本的立法工作，从法律上规定民生资本的增殖要求、扩张范围和运行逻辑。要加强民生资本的监管，对损害人民群众利益的行为依照法律法规进行处罚，形成震慑。要在住房、教育等公共产品供给上，强化公有资本的在场，使公有资本能够切实有效引导其他类型的民生资本健康发展。

5.调整国民收入分配格局，完善收入分配的基础性制度

从国际发展经验和我国过去的经验看，城乡居民收入还有一定的提升空间。我们要坚持按劳分配为主体、多种分配方式并存，构建初次分配、再分配、第三次分配协调配套的制度体系。

其一，深化初次分配制度改革，增强初次分配的公平性。初次分配制度直接影响分配秩序和分配结果，对实现共同富裕具有最为直接的重要影响。深化初次分配制度改革，一是合理安排劳动、资本和财政收入在国民收入中的比例，发挥财税和金融资源的调配作用，稳步提高居民收入在国民收入分配中的比重。二是完善工资形成和增长机制，提高劳动者报酬在初次分配中的比重，营造全社会崇尚劳动、勤劳致富的社会风尚。三是通过改善创业环境、保护产权和知识产权、发展多层次资本市场、推出多样化的理财工具等，拓展居民收入渠道，保护合法致富，增加居民财产性收入。四是要加强对高收入的规范和调节，依法保护合法收入，合理调节过高收入，要清理规范不合理收入，整顿收入分配秩序，坚决取缔非法收入，要促进各类资本规

范有序，引领数字经济和科技平台健康发展，缩小居民收入差距。五是巩固拓展脱贫攻坚成果，促进农民农村共同富裕，全面推进乡村振兴，推动更多低收入人群迈入中等收入行列。

其二，深化再分配制度改革，加强再分配的调节性职能。一是完善税收制度，包括完善税种、合理确定各类税种的税基和税率、完善收入和财产的个人申报制度和税收监管制度、严格税收执法等。二是完善财政转移支付制度，进一步提高均衡性转移支付的规模和比重，构建以一般转移支付为主、专项转移支付为辅的模式。三是调整和优化财政支出结构，完善公共财政制度，把更多的财政资金投向公共服务领域，突出重点并加强薄弱环节，促进基本公共服务均等化，加大普惠性人力资本投入。四是建立覆盖城乡居民的社会保障体系，要重点完善养老和医疗保障体系、兜底救助体系、住房供应和保障体系。对城乡保障项目、保障标准、保障资金、保障机构和法规建设进行全面有效的整合。

其三，深化第三次分配制度改革，加强第三次分配的自觉性。完善有利于第三次分配的法律和法规、有效的民间组织监管机制、慈善捐赠的税收减免制度，鼓励高收入人群和企业更多回报社会，积极发挥第三次分配对收入分配的调节作用。

6.促进基本公共服务均等化，对低收入人群精准识别和精准施策

要把握好扎实推进共同富裕的时代要求，把握好实施"三个倍增"行动的难点痛点，继续推动基本公共服务均等化向纵深发展，并对低收入群体精准施策。

一方面，完善有利于促进共同富裕的社会保障政策。其一，完善

优化社会保障制度。在坚持共建共享、互助共济的原则下，整合相关制度安排、均衡筹资责任、提高统筹层次、打破户籍壁垒、统一待遇清单、缩小待遇差距，增进公平公正。其二，增强中央社会保障权能。适度提升中央财权和中央事权，从而有效提升中央在国家层面统筹养老、医疗等诸多方面的水平。其三，健全低收入者生活保障机制。完善最低工资标准和工资指导线形成机制，提高城乡居民最低生活保障和农村居民养老保障水平。

另一方面，对潜在能够迈入中等收入行列的人群精准识别和精准施策。习近平总书记指出："要抓住重点、精准施策，推动更多低收入人群迈入中等收入行列。"[1] 对于高校毕业生，要提高高等教育质量、提升工作能力培训水平、优化就业信息发布对接，使他们学有所成和所学有用。对于技术工人，加大技能人才培养力度，提高技术工人工资待遇，在社会上形成尊重技术工人的氛围。对于中小企业主和个体工商户，要持续改善营商环境，深化放管服改革，提供畅通便捷低成本的融资渠道，减轻税费负担和生产经营成本。对于进城农民工，要深化户籍制度改革，解决好子女教育、医疗报销、社会福利等问题，使他们在城市里留得下、融得进。此外，还要适当提高公务员特别是基层一线公务员及国有企事业单位基层职工工资待遇，增加城乡居民住房、农村土地、金融资产等各类财产性收入。

---

[1] 习近平：《扎实推动共同富裕》，《求是》2021年第20期。

第五章 中国式现代化必须引领规范资本健康发展

中国共产党经过百年奋斗，领导人民成功推进中国式现代化，创造了人类文明新形态。中国式现代化是人口规模巨大的现代化，是全体人民共同富裕的现代化，是物质文明和精神文明相协调的现代化，是人与自然和谐共生的现代化，是走和平发展道路的现代化。[①]中国式现代化的成就，体现了党和国家对资本创造性的成功引领。中国式现代化前行，全面建设社会主义现代化国家，既面临着严峻、复

[①] 参见习近平:《把握新发展阶段，贯彻新发展理念，构建新发展格局》,《求是》2021年第9期。

杂、多变的国际合作与竞争，又存在着社会制度和文明形态的较量博弈，不仅离不开资本，而且迫切需要较长时期、较大规模的资本生成和运动。因此，以中国式现代化创造性引领资本健康发展，既是新时代必须高度重视的重大经济与政治问题，又是必须高度重视的重大理论与实践问题。

一、中国共产党在中国式现代化进程中对资本认识的嬗变

马克思主义认为，资本具有自然和社会双重属性。中国共产党对资本的认识，从最初资本的制度属性（即侧重资本的社会属性），到资本作为生产要素（即侧重资本的自然属性），再到深化对资本的认识，始终伴随中国式现代化的发展而不断嬗变。

（一）对资本制度属性的认识与社会主义公有制的构建

从中国共产党成立到改革开放的现代化进程中，党对资本的认识立足于马克思所讲的资本的社会属性，认为资本具有制度属性，必须加以改造，之所以有这样的认识，是基于当时的社会主要矛盾。

一方面，资本具有制度属性，是剥削和压迫的代名词。"资本不是物，而是一定的、社会的、属于一定历史社会形态的生产关系，后者体现在一个物上，并赋予这个物以独特的社会性质。"[①] 马克思所强调的资本的社会属性，特指资本背后的资本主义生产关系。中华人民

---

① 《马克思恩格斯全集》第46卷，人民出版社2003年版，第922页。

共和国成立以前，推翻帝国主义、封建主义、官僚资本主义这"三座大山"是社会的主要矛盾，其中帝国主义和官僚资本主义，是资本的代名词，代表着无尽的剥削和无度的压迫，必须通过革命的方式将其推翻、没收资本并打倒资本家，而对于可以团结和争取的民族资本和"有益于国民生计"①的私人或小资产阶级资本则作出了区分，在有限制的条件下，允许和保护民族工商业和手工业者的发展。总体而言，新民主主义革命时期，党有着局部执政的经验，特别是基于对社会主要矛盾的判断和把握，对资本的态度也经历了从完全按照制度属性到有条件利用的转变。

另一方面，必须要对资本加以改造，确立社会主义公有制。一味地没收官僚资本、外国资本并非目的，而是需要通过对不同资本加以改造，即对农业、手工业、资本主义工商业的"三大改造"，使其服务于中国式现代化。以和平改造资本主义工商业为例，主要内容包括：一是在统一战线内消灭资产阶级，对官僚资产阶级和地主阶级的资本采取强制没收的方式，对民族资产阶级的资本通过和平赎买的办法，均予以社会主义改造。而要把资产阶级分子改造过来，采取的总政策则是包下来，即安排好工作岗位、政治地位，教育为主、斗争为辅，教育中鼓励为主、批评为辅。二是从国家资本主义过渡到社会主义，把不受限制的独立的资本主义变成受限制的国家资本主义，采用国家所得税、企业公积金、工人福利费、资方红利等"四马分肥"的办法，承认资本家的企业所有权、用人权和经营管理权；在国家资本

① 《毛泽东选集》第三卷，人民出版社 1991 年版，第 1058 页。

主义基础上，通过建立党和工会组织，加强党的领导和工人阶级监督等方式，最终过渡到社会主义，可以说国家资本主义是过渡到社会主义的必经之路。① 三是以新的经济政策利用资本。"三大改造"后确立了社会主义公有制，但党的八大后社会供需矛盾突出、地下市场和地下工厂频现，仍需要利用资本发展生产力，采取新的经济政策利用资本，"对于我国的自由市场，因为社会有需要，就发展起来。要使它成为地上，合法化，可以雇工，可以开私营工厂，可以开投资公司，可以消灭了资本主义又搞资本主义"②。尽管后来出现了认识和实践偏差，但在对资本制度属性认识的基础上建立了社会主义公有制，这为后来中国式现代化认识和利用资本奠定了重要的基础。

（二）对资本作为生产要素的认识与社会主义市场经济的建立

在计划经济年代，由于当时对资本的认识不充分、判断不准确，曾一度走了极端，因对资本等于资本主义的认识固化，一度使社会主义和资本彼此完全隔断，中国式现代化建设遭遇了巨大的挫折。较长时期的资本严重匮乏也导致了商品的严重短缺，站起来的中国人民并未摆脱贫穷，生活条件较长时间没有得到改善。改革开放后，党在解放思想中总结经验教训，重新认识资本，弱化了资本的社会属性，强化了资本的自然属性，将资本作为生产要素来看待。

---

① 参见汪裕尧:《关于资本主义工商业社会主义改造的几个问题——读毛泽东关于资本主义工商业改造的三篇著作》,《党的文献》1998 年第 6 期。

② 薄一波:《若干重大决策与事件的回顾》上卷,中共党史出版社 2008 年版,第 306 页。

其一，资本是市场配置资源的工具。经济学研究的核心问题是资源配置，资本作为一种生产要素，只是市场配置资源的工具。在坚持公有制的基础之上，将私营经济作为必要的有益的补充，党的十三大明确指出"私营经济……是公有制经济必要的和有益的补充"①，党的十五大提出包含私营经济的"非公有制经济是我国社会主义市场经济的重要组成部分"②。这意味着，公有资本可以成为市场配置资源的工具，包含私营资本在内的非公有资本，同样可以成为市场配置资源的工具，淡化了资本的制度属性，将资本作为一种普通的生产要素来看待，强调资本对市场配置资源的作用。

其二，资本是发展经济的方式和手段。"社会主义和市场经济之间不存在根本矛盾。问题是用什么方法才能更有力地发展社会生产力。"③改革开放之初，迫切需要各类资本参与中国式现代化建设，"现在搞建设……吸收外资可以采取补偿贸易的方法，也可以搞合营"，"要发挥原工商业者的作用"，"只要没有继续剥削，资本家的帽子为什么不摘掉？"④就像计划和市场都是发展生产力的方法，资本也是发展经济的方式和手段，"我们要利用外国的资金和技术，也要大力发展对外贸易"⑤，"多吸引外资，外方固然得益，最后必然还是我们自己得益"⑥。自己既造血同时也输血，解决了中国式现代化资金短缺问

① 中共中央文献研究室编：《改革开放三十年重要文献选编》（上），中央文献出版社 2008 年版，第 487 页。
② 《江泽民文选》第二卷，人民出版社 2006 年版，第 20 页。
③ 《邓小平文选》第三卷，人民出版社 1993 年版，第 148 页。
④ 《邓小平文选》第二卷，人民出版社 1994 年版，第 156—157 页。
⑤ 《邓小平文选》第二卷，人民出版社 1994 年版，第 257 页。
⑥ 《邓小平文选》第三卷，人民出版社 1993 年版，第 313 页。

题，对生产关系产生了有益影响。

其三，建立社会主义市场经济体制。资本不是资本主义所特有的，由资本带动的市场经济同样不是资本主义所特有的，"计划多一点还是市场多一点，不是社会主义与资本主义的本质区别。计划经济不等于社会主义，资本主义也有计划；市场经济不等于资本主义，社会主义也有市场。计划和市场都是经济手段"①。在这个思路的指导下，党的十四大提出建立社会主义市场经济体制，其核心在于坚持公有制为主体、多种所有制经济共同发展，按劳分配为主体、多种分配方式并存的基本经济制度。

（三）新时代对资本的深化认识与社会主义市场经济的完善

党的十八大以来，中国式现代化迈入新的阶段，在消除绝对贫困、全面建成小康社会后，开启了全面建设社会主义现代化国家新征程，对资本有了更加深入的认识，社会主义市场经济也得以日臻完善。

一是资本是带动各类生产要素集聚配置的重要纽带。马克思主义认为，劳动力成为商品，货币也就转化为资本，前者是后者的前提。在劳动力成为商品之前，货币可以在普通商品的交换中发挥价值尺度、流通手段、支付手段的功能，但也仅限于交换普通商品，无法组织生产。在劳动力成为商品之后，货币可以成为支付给劳动力的工资，与此同时，货币也可以用于交换其他普通商品，将劳动力和其他普通商品都交换至资本所有者手中，以便组织生产，此时的货币也便

---

① 《邓小平文选》第三卷，人民出版社 1993 年版，第 373 页。

转化为资本，成为带动各类生产要素集聚配置的重要纽带。尽管计划经济也可以推动各类生产要素集聚配置，但资本带动各类生产要素集聚配置的效率更高，有利于扩大生产规模，改革开放前后中国式现代化的建设速度就是很好的例证。"在社会主义市场经济体制下，资本是带动各类生产要素集聚配置的重要纽带，是促进社会生产力发展的重要力量。"① 这说明，资本作为一种生产要素，有参与分配的要求，而且承担着将各类生产要素集聚配置的功能。换言之，正是因为有资本作为纽带，包括劳动、土地、技术、管理、数据等在内的生产要素才得以集聚，并且在资本追求效率的作用下，各类生产要素以更优的比例进行配置，更好地促进生产力的发展。

二是市场在包含资本在内的资源配置中起决定性作用。计划经济时期，计划是配置资源的方式，尽管发挥过重要作用，但更多表现为资源配置低效率，资本的积极作用被大大限制。随着社会主义市场经济的确立，市场在资源配置中起基础性作用，资本通过市场的方式进行配置，效率大大提高，但资本的巨大潜力仍然受到了限制。党的十八届三中全会提出"使市场在资源配置中起决定性作用和更好发挥政府作用"，明确界定了市场配置资源的决定性地位，资本的活力彻底被激发，资本快速发展扩张。

三是提高防止资本无序扩张和防范风险的治理能力。资本的自然属性意味着资本具有增殖性、运动性、风险性、扩张性等特点。资本扩张具有双重属性，有序扩张可以推动经济社会健康发展，无序扩张又会

---

① 《习近平谈治国理政》第四卷，外文出版社 2022 年版，第 219 页。

给经济社会带来巨大风险。党敏锐地看到了这一点。一方面，强化反垄断。在数字经济时代，互联网平台经济下的垄断呈现鲜明特征①，依照《反垄断法》防止资本无序扩张，维护市场公平竞争。另一方面，有效防范风险。资本具有金融化的特征，容易引起经济脱实向虚，导致不良资产风险、经济泡沫风险等，国家制定系统的制度、风险监测体系、完善的风险预案，着力防范和化解风险，守住不发生系统性风险的底线。

二、资本对推进中国式现代化的历史性贡献

资本作为一种不可或缺且占据纽带地位的生产要素，与中国式现代化相结合，发挥了推动生产力发展、推动生产关系调整的重要作用，对中国式现代化的经济社会发展作出了巨大的历史性贡献。对此，我们要充分肯定，其正向作用要更多传播。可以说，中国式现代化的发展过程，也是我们创造性成功引领资本的过程。

（一）利用资本加速现代化发展是中国式现代化的伟大创举

资本是资本主义赖以生存的基础，但并非资本主义独有、独享，中国共产党创造性地将市场经济与社会主义相结合，发挥资本加速发展中国式现代化的作用，这是一个伟大的创举，是对资本逻辑的扬弃和超越。

---

① 参见周文、刘少阳：《平台经济反垄断的政治经济学》，《政治经济学季刊》2021年第1期。

一方面，创造性地将市场经济与社会主义相结合，用资本推动中国式现代化发展。在马克思、恩格斯所处的时代，资本主义正蓬勃发展，他们揭示了资本的特性和行为规律，但未曾设想过社会主义条件下仍然可以搞市场经济，无法预见社会主义国家如何对待资本。列宁、斯大林领导的苏联，国家计划是资源配置的最主要手段，包含资本在内的市场手段被大大抑制，基本没有遇到大规模资本问题。改革开放后党在探索中国式现代化进程中对资本的认识更加深入，创造性地将市场经济与社会主义相结合，逐步建立社会主义市场经济。我们的资本没有"主义"这条尾巴，属于非典型资本主义条件下的非典型资本，超越了马克思批判的资本逻辑。只要是市场经济，就必然存在各种形态的资本，包括国有资本、集体资本、民营资本、外国资本、混合资本等，党积极探索在社会主义市场经济条件下发挥资本的积极作用，有效控制资本的消极作用。①

另一方面，资本加速中国式现代化发展。劳动、土地、资本以及管理、技术、数据等生产要素，都是经济增长的动力。从经济学视角看，中国式现代化之所以能够加速发展，主要得益于"高储蓄—高投资"形成的高资本形成率，这是中国经济增长的最主要因素之一。② 可从一组数据来看资本如何加速中国式现代化发展：从总体贡献来看，1978—2010 年中国经济增长了约 19.8 倍，其中全要素生产

---

① 参见习近平：《正确认识和把握我国发展重大理论和实践问题》，《求是》2022 年第 10 期。
② 参见王小鲁、樊纲、刘鹏：《中国经济增长方式转换和增长可持续性》，《经济研究》2009 年第 1 期。

率、劳动和资本分别为 2.2 倍、0.7 倍和 16.9 倍，资本贡献份额高达
85.4%；从阶段演变来看，资本在绝大多数年份都对经济增长产生
正面贡献，其中 1978—1991 年呈大幅波动且下降趋势，1992 年确立
建立社会主义市场经济之后，资本对经济增长的贡献基本呈上升趋
势，2005 年人民币汇率改革之后国际资本大量流向中国，资本对经
济增长的贡献更是接近 90%，2008 年国际金融危机后中国作为世界
经济增长引擎，吸引了大量资本，资本对经济增长的贡献甚至超过
100%；从区域分布来看，我国东部地区资本对经济增长的贡献份额
达到 61.2%，东北地区达到 96.1%，中部和西部地区甚至超过 100%，
特别是 2008 年国际金融危机之后，中西部地区的经济增速甚至超过
了东部地区。① 根据国家统计局官网数据计算，2021 年的国民总收入
是 1978 年的 429 倍，2021 年的人均国民总收入是 1978 年的 293 倍，
1978 年我国 GDP 占全球的份额为 1.7%，2012 年达到 11.4%，2021
年上升到 18% 以上，所有这些，也都得益于资本贡献的快速提高。②

（二）资本作为生产要素对社会生产力发展的推动作用

作为一种生产要素，资本对社会生产力产生了巨大的推动作用，
具体表现在资本可以提高劳动生产率、促进技术创新、带来产业革命
等方面。

---

① 参见董敏杰、梁泳梅：《1978—2010 年的中国经济增长来源：一个非参数分解框架》，
《经济研究》2013 年第 5 期。
② 参见董敏杰、梁泳梅：《1978—2010 年的中国经济增长来源：一个非参数分解框架》，
《经济研究》2013 年第 5 期。

其一，资本可以提高劳动生产率。根据马克思主义的基本原理，资本逐利的天性会驱使其从利润率低的部门流向利润率高的部门，推动各类生产要素重新排列组合，进而提高劳动生产率。伴随资本主义社会的到来，"它所造成的生产力却比过去世世代代总共造成的生产力还要大，还要多"[①]。对英国劳动生产率的研究发现，1600 年以前，资本只是以萌芽的形式存在，英国的劳动生产率几乎为零；随着资产阶级革命开始以及"光荣革命"和"君主立宪制"确立了商人和地主的政治地位，英国的劳动生产率开始增长，1600—1810 年劳动生产率每十年增长 4%左右；随着英国工业革命的快速发展，从农业资本主义逐渐走向工业资本主义，资本对劳动生产率的带动作用更加显著，1810 年之后劳动生产率每十年增长 18%左右。[②]据国家发展和改革委员会测算，1978 年至 2020 年，资本积累对我国国内生产总值的贡献率高达 55.8%。

其二，资本可以促进技术创新。长期经济增长依赖于技术创新，而技术创新离不开资本运作。资本可表现为金融发展，在均衡状态下，金融发展可以通过提高储蓄向投资转化的效率、缓解信息不对称等方式，降低研发部门的外部融资成本，进而促进企业增加研发投入，实现技术创新，金融发展、企业创新、经济增长之间存在着内生的传导机制。[③]中国的发展实践也证实了这一点，随着中国越来越重

---

① 《马克思恩格斯全集》第 4 卷，人民出版社 1958 年版，第 471 页。

② Paul, B., Emi, N., Jón, S., "When did growth begin? New estimates of productivity growth in England from 1250 to1870", NBER Working Paper, No. w28623, 2021.

③ 参见庄毓敏、储青青、马勇：《金融发展、企业创新与经济增长》，《金融研究》2020 年第 4 期。

视资本或金融，技术创新水平和效率不断提高，特别是近年来数字金融的快速发展，有效校正了传统金融存在的属性错配、领域错配、阶段错配等问题，将资本更加精准有效地引导至有关领域，驱动企业开展技术创新。①

其三，资本可以带来产业革命。在资本表现为金融发展的情况下，金融发展能通过技术创新的"水平效应"与"结构效应"加速产业结构转型。②18世纪60年代的第一次工业革命，使人类进入了蒸汽时代；19世纪60年代的第二次工业革命，使人类进入了电气化时代；20世纪40—50年代的第三次工业革命，使人类进入了信息化时代；21世纪的第四次工业革命，使人类进入了智能化时代。事实上，每一次工业革命，都是一次产业的彻底变革，而这一切都离不开资本的助推。

（三）资本作为生产要素对生产关系的推动作用

作为一种生产要素，资本在推动生产力发展的同时，也推动生产关系调整，表现在创造就业、制度革命、劳动组织变革等方面。

一是资本创造了就业岗位。16世纪英国的圈地运动，不论是契约圈地、法庭圈地和协议圈地等合法圈地，还是暴露早期资本失范与贪婪的非法圈地，特别是"大农—乡绅阶层"在圈地重点区域的圈地

---

① 参见唐松、伍旭川、祝佳：《数字金融与企业技术创新——结构特征、机制识别与金融监管下的效应差异》，《管理世界》2020年第5期。

② 参见易信、刘凤良：《金融发展、技术创新与产业结构转型——多部门内生增长理论分析框架》，《管理世界》2015年第10期。

面积占当地全部圈地的一半以上,①迫使许多小农失去赖以生存的土地。此时,由资本诞生的许多产业工厂,创造了大量的就业岗位,成为这些失地农民的选择。尽管马克思主义认为劳动力成为商品后,不可避免地会被资本剥削、压迫,但考虑到当时的社会环境和生活条件,资本创造的就业岗位还是给许多人提供了"活路"。根据第七次全国人口普查,全国31个省区市(不含港澳台)总人口达到14.12亿人,其中15—59岁的劳动年龄人口为8.94亿人,占63.35%,真正长期从事农业生产的人口并不多,如此大规模的劳动适龄人口需要大量的就业岗位。如果没有资本发挥作用,将会产生大量的失业,进而对民生保障和社会稳定产生巨大冲击。

二是资本推动了制度革命。资本在改变生产力的同时,也在推动制度革命。在资本的作用下,西方国家经历了两次现代化:第一次现代化是从农业经济向工业经济、农业社会向工业社会的转变;第二次现代化是从工业经济向知识经济、工业社会向知识社会的转变。②在这个过程中,社会制度发生了彻底的变革,由原来的封建社会一跃变成资本主义社会。马克思主义认为,社会主义是高于资本主义的一种社会形态,但这种形态的产生和发展,仍然需要依靠资本发挥功能,"无论哪一个社会形态,在它所能容纳的全部生产力发挥出来以前,是决不会灭亡的;而新的更高的生产关系,在它的物质存在条件在旧

---

① 参见侯建新:《圈地运动与土地确权——英国16世纪农业变革的实证考察》,《史学月刊》2019年第10期。

② 参见何传启:《第二次现代化理论与中国现代化》,《世界科技研究与发展》1999年第6期。

社会的胎胞里成熟以前，是决不会出现的"①。只不过，需要改变资产阶级赖以生存和统治的基本条件，即资本私有、雇佣劳动，这样"资产阶级的灭亡和无产阶级的胜利同样是不可避免的"②，资本可以推动资本主义制度向社会主义制度变革，推动社会主义制度向共产主义制度变革。

三是资本带来了劳动组织变革。所谓劳动组织，包括劳动的分工和协作、计量和监督、规划与协调等，这涉及劳动过程中人与人的关系，具有生产关系的制度功能。③ 在不同社会阶段，劳动的表现形式有所差异，奴隶社会阶段，奴隶主完全占有劳动产物；封建社会阶段，地主通过地租占有大部分的农奴劳动；资本主义社会阶段，资本可以购买劳动力，出现了雇佣劳动的异化劳动。资本带来了劳动组织变革，使得合理进行劳动分工和协作，计时工资、计件工资以及其他工资形式不断出现，人力资源开发和协调不断发展，工会组织也应运而生，这些都是资本作为生产要素带来的重要变革。

三、全面建设社会主义现代化国家进程中的资本问题

资本对生产力和生产关系的积极作用不言而喻，在加速中国式现

---

① 《马克思恩格斯文集》第 2 卷，人民出版社 2009 年版，第 592 页。

② 《马克思恩格斯全集》第 4 卷，人民出版社 1958 年版，第 479 页。

③ 参见荣兆梓：《社会主义基本经济制度新概括的学理逻辑研究》，《经济学家》2020 年第 4 期。

代化发展中作出过重要的历史性贡献。新时代全面建设社会主义现代化国家，仍然需要资本继续发挥积极作用。我国存在着资本总量短缺和资本结构失衡两个方面的问题，需要保持较长时期、较大规模的资本总量，优化调整资本结构并形成资本优势，同时防止资本无序扩张和无序收缩。

（一）资本总量短缺

拉动经济增长的"三驾马车"包括投资、消费、净出口三个方面，扩大内需是构建新发展格局的战略基点，同时也要坚定拓展投资空间。下面以资本形成率（资本形成总额占 GDP 比重）为例，来探讨资本总量短缺问题。

从国际层面看，保持较大规模的资本形成率是发展中国家转型成功的关键。发展中国家数量众多，都在通过各种方式推动转型，但转型成功的国家只有少数，其中一个重要原因就在于这些国家保持了一定规模的资本形成率，实证研究表明，国际直接投资（FDI）流入对转型国家经济具有正向效应。[①] 在转型失败案例方面，巴西和阿根廷属于转型失败的国家（见图1）。20 世纪 60 年代以来，巴西的资本形成率从未超过 30%，很多年份甚至低于 20%；阿根廷的资本形成率 1976 年和 1977 年分别为 30.7% 和 30.9%，其他年份也均未超过 30%，大部分时间甚至低于 20%。尽管经济转型涉及多个因素，但这两个国家的资本形成率长期处于较低水平，未能发挥资

---

① 参见赵蓓文：《转型国家外国直接投资的宏观经济效应——关于俄罗斯、中东欧八国和中国的比较》，《世界经济研究》2009 年第 8 期。

本对经济的拉动作用，转型失败是一种必然。在转型成功案例方面，日本、韩国和新加坡属于转型成功的国家（见图1）。2000年以前，日本的资本形成率基本高于30%，即使在20世纪90年代处于所谓的"失去的十年"，也能保持较高水平的资本形成率；韩国从20世纪70年代中期至今，资本形成率基本都高于30%，最高甚至超过40%（1991年为41.2%）；新加坡从20世纪70年代至20世纪末，资本形成率均超过30%，有一些年份超过40%，1983年甚至达到47%的峰值。这些国家充分挖掘资本的潜力，发挥资本对创新、生产、消费等领域的积极影响，成功步入了发达国家行列。我国正处于跨越"中等收入陷阱"的关键时期，国际经验和教训的启示，值得我们高度警惕和重视。

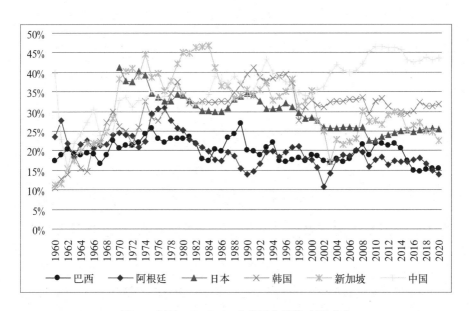

图1　中国、巴西、日本等国家的资本形成率

数据来源：世界银行数据库。

从国内层面看，仍然需要确保资本形成率处于高水平。我国的经济转型可从其他国家吸取经验教训。从共性看，我国保持着较高水平的资本形成率。20 世纪 70 年代以来，我国的资本形成率一直高于 30%，2008 年国际金融危机后，尽管"十三五"期间较"十二五"期间有所下降，但资本形成率一直高于 40%。与转型国家在转型时期的资本形成率相比，我国资本形成率水平不低，这是我国经济多年保持高速增长的重要原因。从个性看，看待我国的资本形成率，还要考虑我国的特性。从投资驱动型增长转向消费驱动型增长固然重要，但消费增长和升级的前置条件是收入增长，这又取决于劳动生产率的不断提高、技术创新的不断涌现、产业产品的不断升级，这些都离不开投资。具体来说，尽管我国部分行业产能过剩，但我国总体上处于"微笑曲线"的底部，产业从中低端向中高端升级的空间很大；过去"铁公机"（铁路、公路、机场）占据了基础设施投入的很大一部分，未来城市间互联互通基础设施、城市内基础设施，特别是地下管网、地下交通、改善环境等基础设施，投资空间巨大；除了"老基建"之外，数字技术、数字经济、数字政府、数字社会等"新基建"任务更为繁重，需要大量资本投入；2021 年我国常住人口城镇化率不到 65%，户籍人口城镇化率更低，未来城镇化率要达到发达国家水平，还有很大的投资空间；我国正实施乡村振兴战略，乡村拥有巨大的投资潜力。特别是，我国的资本市场与全球第二大经济体地位不相匹配，2021 年中国 GDP 大约等于美国 GDP 的 77%，而中国 A 股总市值仅相当于美国股票总市值的 1/4 左右。诸如此类，都表明我国的资本形成率仍然需要保持高水平。

只有如此，我们才能巩固以往的成绩，推动中国式现代化的稳步前行。

（二）资本结构失衡

我国资本形成路径可分为两个阶段，第一个阶段是 1994 年之前的资本增量改革，第二个阶段是 1994 年之后的资本结构调整。[①] 这意味着，我国的资本结构存在着一定的失衡，从固定资产投资完成额可以看出资本结构失衡的主要表现。

从投资主体看，表现为国有资本和民间资本的失衡。我国的基本经济制度要求以公有制为主体、多种所有制经济共同发展，但公有制的主体地位体现在公有资产在社会总资产中占优势，国有经济控制国民经济命脉，对经济发展起主导作用，换言之，并非要求国有经济在规模上占据优势。改革开放以来，我国城镇固定资产投资完成额中的民间资本对经济作出了巨大贡献，民间投资占比从 2004 年的 30.4% 增长至 2014 年 58.9% 的峰值，随后出现一定幅度的下降。尽管民间投资仍能占到一半以上，但民间投资增速出现了大幅下降，从 2005 年的 55.8% 下降至 2013 年的 20.1%，再下降至 2015 年及之后的 10% 以下，民间投资增速最低的 2020 年只有 1%（见图 2）。由此可知，国有资本仍能保持较高的积极性，但民间资本的积极性越来越低。

从区域看，表现为东部地区和中西部地区的失衡。改革开放以

---

① 参见李治国、唐国兴：《资本形成路径与资本存量调整模型——基于中国转型时期的分析》，《经济研究》2003 年第 2 期。

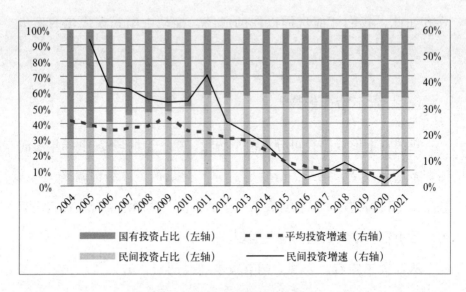

图 2　中国民间投资和国有投资

数据来源：国家统计局，Wind 数据库，其中国有投资的统计口径包含国有及国有控股、三资企业。

前，在政府的规划引导下，资本向中西部地区倾斜，中西部地区的全
社会固定资产投资完成额占一半以上，少数年份甚至超过 2/3。改革
开放以后，僵化的计划体制被打破，资本在市场机制的作用下向东部
地区流动，1981 年东部地区的全社会固定资产投资完成额占比超过
50%，1993 年超过 60%，此后虽然有所下降，但仍保持在 50%上下。
东部地区 11 个省市，与中西部地区的 20 个省区市，各自占据一半左
右的全社会固定资产投资完成额（见图 3）。究其原因，在于东部地
区有着优渥的经济发展基础，资本出于逐利的天性，更倾向于流向或
留在东部地区。

　　从投向看，表现为实体经济与房地产经济的失衡。在城镇化进程
中，房地产业蓬勃发展是一种必然，但房地产业是一个十分特殊的行
业，一面连着金融，一面连着实体经济。中国资产主要集中在房地产

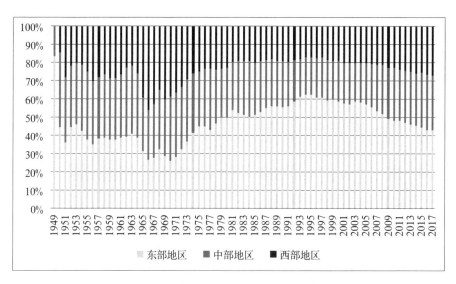

图3　中国全社会固定资产投资地区分布情况

数据来源：国家统计局，Wind数据库，东部、中部和西部地区根据国家统计局三大地带划分。

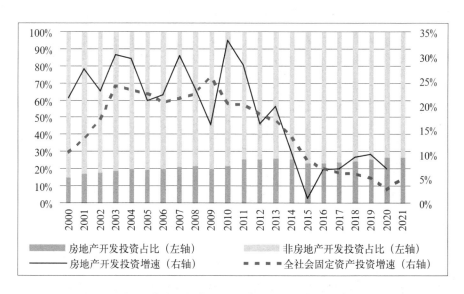

图4　中国全社会固定资产投资行业分布情况

数据来源：国家统计局，Wind数据库。

业，2020 年住房总市值与 GDP 之比高达 641%，美国住房总市值与GDP 之比为 172%；中国股票总市值与 GDP 之比仅为 77%，而美国股票总市值与 GDP 之比则高达 249%。2011 年以来，房地产开发投资占比基本维持在 25% 上下，并且大多数年份房地产开发投资增速要高于全社会固定资产投资增速（见图 4）。资本过多、过快地流向房地产领域，不仅推高了房地产价格，还催生了一定程度的"脱实向虚"，加剧资本向房地产领域流动。

（三）资本无序扩张

不论是在社会主义社会，还是在资本主义社会，在逐利的天性下，资本总是跟着利润扩张。由于认识不足、监管缺位，近年来我国一些领域出现资本无序扩张，对经济安全、生产力发展和生产关系调整都产生了不利影响。资本无序扩张呈现金融化、平台化两个特征。①

资本扩张呈现金融化特征。与产业生产类似，金融也是资本运动的一个载体，资本借助这个载体，推动资本金融化扩张，具体表现在宏观、微观两个层面。宏观层面，泛金融业金融化。泛金融业金融化指的是银行、证券、保险、房地产等泛金融部门相对于生产部门的扩张，即资本更倾向于流向泛金融部门，而非生产部门；泛金融业金融化还指影子银行的快速扩张和家庭部门金融化。2004 年以来，我国泛金融业行业上市公司利润占所有上市公司比重呈上升趋势，从

---

① 参见董小君：《把握资本行为规律 防止资本无序扩张》，《光明日报》2021 年 12 月 21 日。

2004 年的 15% 左右升高至 2018 年的 60% 左右。[1] 微观层面，非金融企业金融化。非金融企业金融化指的是非金融企业采取偏重资本运作的资源配置方式，更多业务为投资，而非生产；非金融企业金融化还指利润更多来源于非生产性业务的投资和资本运作，单纯追求资本增殖。[2] 非金融企业金融化不仅增加了企业的经营风险，还会作为系统性金融风险的一部分而存在，对实体经济产生"挤出效应"[3]。

资本扩张呈现平台化特征。随着数字鸿沟越来越小，平台经济快速发展，在规模和转化率的机制下，互联网资本实现了从数字鸿沟到红利差异的转变。[4] 资本的平台化扩张，既有优点，又有缺点。优点方面，平台是数字技术体系下资本积累、社会生产和再生产的新组织形式，借助平台大数据、云计算、高传输等特性，可以跨部门、跨时间、跨空间、跨国界，实现高效的生产、分配、交换、消费活动，极大地促进生产力发展和生产关系调整。[5] 缺点方面，平台构建了一个自我循环且相对封闭的系统，凭借用户黏性、用户规模等优势，有可能产生垄断，平台垄断又在某种程度上限制了生产力的公平有序发展，也导致生产关系出现畸形调整。平台经济垄断以及国际税收利益分配争端，是全球产业链资本积累过程中基本矛盾

①　参见张成思：《金融化的逻辑与反思》，《经济研究》2019 年第 11 期。

②　参见蔡明荣、任世驰：《企业金融化：一项研究综述》，《财经科学》2014 年第 7 期。

③　苏治、方彤、尹力博：《中国虚拟经济与实体经济的关联性——基于规模和周期视角的实证研究》，《中国社会科学》2017 年第 8 期。

④　参见邱泽奇、张樹沁、刘世定等：《从数字鸿沟到红利差异——互联网资本的视角》，《中国社会科学》2016 年第 10 期。

⑤　参见谢富胜、吴越、王生升：《平台经济全球化的政治经济学分析》，《中国社会科学》2019 年第 12 期。

深化的新表现。①

四、支持和引领资本健康发展的重点问题

推进中国式现代化仍然需要大规模的资本，需要真正打消资本的"紧张"和"恐慌"，让资本文明的一面更加出彩，为人民服务，实现以人民为中心的发展。党和国家完全有能力在社会主义市场经济条件下克服资本主义制度下资本的弊端，超越资本的逻辑。新发展阶段要支持和引领资本健康发展，需要把握几个重点问题。

（一）立足社会主义初级阶段，坚持基本经济制度和"两个毫不动摇"，推动公有资本与非公有资本的协同发展

推进中国式现代化要立足社会主义初级阶段，社会主义初级阶段仍需要大力发展生产力、继续调整生产关系，这离不开资本的助力。社会主义公有制和资本形态从生产关系着手，既可以激活"资本的文明面"，又可以克服资本的生产性矛盾②，因而要坚持基本经济制度和"两个毫不动摇"，推动公有资本与非公有资本协同发展。

一方面，深化推动公有制经济发展的各项改革。经过多年的改革，我国公有制经济总体上已经同市场经济相融合，同时，还需要在

---

① 参见周文、韩文龙:《平台经济发展再审视：垄断与数字税新挑战》，《中国社会科学》2021 年第 3 期。

② 参见周丹:《社会主义市场经济条件下的资本价值》，《中国社会科学》2021 年第 4 期。

一些重要领域继续深化改革。其一，探索公有制多种实现形式，鼓励发展国有资本、集体资本、非公有资本等交叉持股、相互融合的混合所有制经济，这方面已经进行了一些探索，但还远远不够。其二，推进国有经济布局优化和结构调整，做优做大做强国有资本。这方面也有诸多努力，但还有很大提升空间。其三，深化国有企业改革，完善中国特色现代企业制度。这方面有一定的曲折，改革的步伐还应加快。其四，形成以监管资本为主的国有资产监管体制，强化国有企业市场主体地位。这方面有进展，力度还有待加大。

另一方面，落实促进非公有资本发展的各项举措。在基本经济制度的框架下，公有资本获得了较好的发展，非公有资本作为重要组成部分作用突出，要充分肯定它的巨大贡献。以民营经济为例，民营经济具有"五六七八九"的特征，即贡献了50%以上的税收，60%以上的国内生产总值，70%以上的技术创新成果，80%以上的城镇劳动就业，90%以上的企业数量。[①] 其一，健全支持民营企业、外商投资企业发展的法治环境，坚持科学立法、严格执法、公正司法，实现各种所有制经济权利平等、机会平等、规则平等。其二，完善构建亲清政商关系的政策体系，把构建亲清政商关系落到实处，推动领导干部同民营企业家交往既坦荡真诚、真心实意靠前服务，又清白纯洁、守住底线、把握分寸，促进非公有制经济健康发展和非公有制经济人士健康成长。其三，营造各种所有制主体依法平等参与市场竞争的市场体系，不断改善平等使用资源要素、公开公平公正参与竞争、同等受到

---

① 参见习近平：《在民营企业座谈会上的讲话》，《人民日报》2018年11月2日。

法律保护的市场环境，健全支持中小企业发展制度，对国有和民营经济一视同仁，对大中小企业平等对待。其四，在加强产权和知识产权保护、健全完善金融体系、平等放开市场准入等方面深化改革，采取各种办法推动引导非公有制经济健康发展的政策落准、落细、落实。

（二）坚持生产力进步原则，在推动资本发展中解决问题

在推进中国式现代化进程中，资本的首要职责是推进生产力发展，在此基础上促进生产关系调整。因此，要坚持生产力进步原则，约束资本过度金融化，支持平台经济持续健康发展，培育平台经济的国际竞争力，在推动资本发展中解决问题。

一是约束资本过度金融化。金融活、经济活，金融稳、经济稳。金融与经济之间存在着密不可分的关系，但这并不意味着金融可以无限度发展，更不意味着资本可以过度金融化，需要对资本金融化加以约束。约束的核心标准有两个：一个是实体经济的需要，资本金融化要回归服务实体经济的本源，实体经济需要多少资本，就应该有相应的资本金融化，过多或过少都不利于实体经济；另一个是防范风险的需要，资本金融化要守住不发生系统性风险的底线，特别是要在金融监管框架体系下，开展资本金融化的创新活动。

二是支持平台经济持续健康发展。平台经济对促进生产力发展、生产关系调整，都起着重要作用。目前我国平台经济规模超过 13 万亿元，平台用户超过 10 亿人，尽管总体呈现良好的发展态势，但发展仍然不平衡不充分，需要支持平台经济持续健康发展。一方面，推动平台经济与实体经济深度融合，增强平台经济的实体化程度，引导

各类企业借助现有平台开展数字化转型，挖掘工业互联网的发展潜力，促进实体经济与平台、互联网、数字技术等融合发展。另一方面，加强对平台经济背后资本的有效监管，完善与监管相关的法律法规，制定科学有效的资本监管指标体系，依法提高监管能力和水平。

三是培育平台经济的国际竞争力。全球数字经济正呈现智能化、量子化、跨界融合等新特征，平台经济将成为未来国际竞争的重要依托。我国平台企业大而不强，在全球市值排名前 10 位的平台企业中，我国有 5 家，但前 3 位都是美国企业，近两年差距甚至有所扩大，要引起我们的重视。要鼓励平台企业参与国家重大科技创新项目，以多种形式将国有资本和非国有资本、实体经济和平台经济进行连接，引导平台资本成为助力实体经济、科技创新的重要力量。要对标国际标准，鼓励平台经济开展国际合作，积极参与全球数字治理，不断提升国际竞争力，为抢占数字经济国际竞争的制高点发挥强大引擎和开路先锋作用。

（三）构建高水平社会主义市场经济体制，完善公平竞争法律规则体系，反垄断和反不正当竞争

为了激发各类资本的活力，需要构建高水平社会主义市场经济体制，不断完善公平竞争法律规则体系，推进反垄断和反不正当竞争。

一是完善产权制度。无论是公有资本还是非公有资本，均要以公平为原则，完善产权制度，加强产权保护。公有资本形成的财产权不可侵犯，非公有资本形成的财产权同样不可侵犯。特别是对于平台资本，数据是最为主要的生产要素，要厘清数据所有权、使用权、运营权、

收益权等权利，建设权责清晰、安全高效的平台资本权利义务体系。

二是完善公平竞争制度。公有资本和非公有资本要在公平的环境中竞争，要以竞争中性原则为基础，加快建设全国统一大市场。要营造稳定公平透明可预期的营商环境，根据市场主体的需求，继续深化"放管服"改革，打造有利于各类资本竞争的市场化、法治化、国际化的营商环境。要建立统一的市场准入机制，对外商资本采取的负面清单模式，可以拓展至国内的各类资本，建立各类资本参与公平竞争的统一负面清单制度。

三是反垄断和反不正当竞争。对于资本无序扩张形成的垄断、暴利、天价、恶意炒作、不正当竞争，要坚决予以治理，不断推进反垄断和反不正当竞争。我国已经出台《反垄断法》《反不正当竞争法》，也成立了国家反垄断局，未来需要制定更加科学的反垄断、反不正当竞争标准，综合借鉴欧盟的"严格规制式"和美国的"动态审慎式"两种模式的经验启示，完善积极的包容审慎监管原则，实现监管转型和创新，从而形成资本扩张的稳定预期。

（四）鲜明合理设置"路标路牌"，依法适度设置"红绿灯"，优化资本结构布局

新发展阶段驾驭资本的方式，主要在于以法律和规则为资本设置鲜明的"路标路牌"，畅通"交通"，重要路口设置"红绿灯"。"路标路牌"和"红绿灯"要醒目准确，适用于道路上行驶的所有"交通工具"。对待资本也一样，各类资本都要会看"路标路牌"和遵守"红绿灯"，不能横冲直撞，防止资本的野蛮生长，公有资本要起正

能量的带头作用。

一是"红灯"要少。应有意识地控制为企业设置的"红灯"总数，要确保设置"红灯"的权力来源于顶层设计和统筹安排，避免出现单个行政部门或者地方政府为资本无故设置"红灯"的情形。主要监管部门要尽可能通过完善制度建设，加快推进整体监管、系统监管、协力监管，实现事前事中事后全链条监管，在少设置"红灯"的前提下，充分发挥资本的积极作用。

二是"黄灯"要长。垄断是资本无序扩张的一个结果，但并非所有垄断都由资本无序扩张导致。对于垄断行业的资本，要通过"闪黄灯"的方式，深化垄断行业改革。我国的电网、电信、铁路、石油、天然气等重点行业，属于自然垄断行业，需要适当引进社会资本参与，鼓励上市公司或非上市公司引进战略投资者，以社会资本的活力带动自然垄断行业提质增效。此外，对于一些重大的政策调整，要设置过渡期，让市场主体有个调整期，不能一刀切、一阵风。

三是"绿灯"要多。设置"绿灯"的出发点是为了营造各种所有制主体依法平等使用资源要素、公开公平公正参与竞争、同等受到法律保护的市场环境，"法无禁止皆可为"。根本目的都是让市场竞争更加充分，最大限度激发市场主体活力，最终落脚点都是为了促进我国经济繁荣发展，给人民群众带来实实在在的获得感。

四是设"灯"有据。资本有序发展的界线是遵循市场经济秩序，不超越作为生产要素的经济功能，不越过政治、社会、民生、安全等领域的底线，符合国家发展导向，能够推动生产力发展和促进经济增长。资本无序扩张则是越过以上界线，打破资本在市场经济中的正常流动状态，扰乱正常经济秩序，偏离国家引导和提倡的方向，在不该扩张的领域大肆扩张，进行不正当竞争和形成垄断。

（五）规范劳动与资本关系，发挥资本对于推动共同富裕的重要作用

"资本和劳动的关系，是我们全部现代社会体系所围绕旋转的轴心。"[1]形成规范的劳动与资本关系，是中国式现代化进程中至关重要的一个方面，对推动共同富裕也发挥着重要作用。

一方面，要完善多种形式的劳动关系保障。目前我国出现了灵活就业等新的劳动关系形态，根据人力资源和社会保障部统计，我国灵活就业从业人员规模达 2 亿人左右，推动建立多种形式的劳动关系，是适应新形态的必要之举。当然，在新形态的劳动关系中，劳动权益保障存在制度短板和法律缺口。要认真落实国家维护新就业形态劳动者劳动保障权益的政策，从公平就业、最低工资和支付保障、休息、安全卫生、养老、职业伤害等方面发力，补齐劳动者权益保障短板，从信息便利和服务、优化社会保险经办、职业技能培训、子女教育、综合服务等方面发力，优化劳动者权益保障服务。

另一方面，要构建和谐的劳资关系。和谐的劳资关系对企业发展、社会稳定都具有重要的意义，但目前存在个别企业与员工之间的利益差距日益扩大、企业雇主与员工之间的地位不平等、少数企业工会组织不健全等问题。[2]要从机制上发力，推动构建多元化的"劳动—

---

① 《马克思恩格斯文集》第 3 卷，人民出版社 2009 年版，第 79 页。

② 参见王海霞：《如何构建和谐的企业劳资关系》，《人民论坛》2018 年第 20 期。

资本"共同体。以华为公司的虚拟受限股制度（或称之为员工持股计划，ESOP）为例，建立有利于推动创业企业治理模式向社会化企业治理模式转变，形成收益权、控制权、经营权"三权分立"和激励相容的动态股权治理平台[1]，是建立和谐的劳资关系的基础和保障。

（六）形成引导资本规范健康发展的舆论氛围和政治生态

《中华人民共和国宪法》（下文简称《宪法》）对公有制和非公有制经济的地位已经作出规定，党中央对引导资本规范健康发展也已指明了方向，即要营造资本规范健康发展的舆论氛围和政治生态，稳定各类资本预期。

首先，坚决批判与基本经济制度和"两个毫不动摇"相悖的错误言论。在社会上存在一些关于公有制、国有企业、民营经济的错误言论，大致包括三种：第一种是"所有制不重要论"。我国是社会主义国家，《宪法》明确规定"中华人民共和国的社会主义经济制度的基础是生产资料的社会主义公有制"，公有制为主体、多种所有制共同发展，是马克思主义基本理论和科学社会主义原则与中国实践相结合的产物，具有理论性、科学性、现实性、有效性，这是资本健康发展的前提。第二种是"民营经济离场论"。认为民营经济已经完成使命，要退出历史舞台，或者认为取消国有经济，民营经济就可以获得更大发展，这都是"国进民退"或"国退民进"的翻版说辞。第三种是"新公私合营论"。将混合所有制改革曲解为新一轮"公私合营"，认为加

---

[1]　参见唐跃军、左晶晶：《创业企业治理模式——基于动态股权治理平台的研究》，《南开管理评论》2020 年第 6 期。

强企业党建和工会工作是要对民营企业进行控制。诸如此类的言论造成了"资本紧张""资本恐惧",甚至导致"资本外逃",这是完全错误的,与《宪法》相悖,与党的大政方针相悖。中央和地方重要媒体都要旗帜鲜明地宣传中央精神,抵制并批判错误观点和认识。

其次,强化资本作为生产要素的重要纽带作用。资本源于资本主义,但并非资本主义独有,不应过度将资本与资本主义挂钩。作为与劳动、土地、技术、管理、数据同等重要的生产要素,应更加强化资本的自然属性、弱化资本的社会属性;并且,与其他生产要素相比,资本在其中发挥着重要的纽带作用。要在全社会形成一些共识,包括但不限于"没有资本就无法发展""不仅不能限制资本有序扩张,还要鼓励资本有序扩张"等,为资本有序扩张营造良好的市场环境和预期。

再次,强化资本对中国式现代化的作用。除了强化资本作为生产要素的纽带作用,还要强化资本对中国式现代化的作用。我们要实现中国式现代化,建设社会主义现代化强国,需要资本在诸多领域发挥牵引作用,比如资本可以助力科技创新、可以助力共同富裕、可以助力城乡区域协调,等等。要深化资本对中国式现代化的作用,在全社会形成防止资本收缩、推动资本有序扩张的政治生态和舆论氛围。

第六章 中国式现代化的启示与愿景

现代化是世界人民的共同向往。小时候我们写作文经常会以这样的句子收尾，"为实现现代化而发奋学习，为实现现代化而努力奋斗，为实现现代化而贡献终生"。现如今，我们已经成功推进和拓展了中国式现代化，不仅为我们创造了物质丰裕和精神丰富的美好生活，也给发展中国家的人民带去了希望。作为人类社会追求进步的一个过程，现代化还面临很多的难题，也还有一些风险，所以需要更好地理解现代化特别是中国式现代化的一些重要问题。

一、中国共产党致力于现代化的经验启示

中国共产党成立以来一直在努力为中国人民谋幸福，为中华民族谋复兴。通过自己的努力夺取了政权，建立了社会主义制度，通过现代化来推动国家的变革。中国共产党百年奋斗和新中国成立以来的辉煌成就，靠的是中国共产党这个最强大的、最高的政治领导力量引领，昭示了中国特色社会主义现代化建设的宝贵经验和重要启示。

中国共产党致力于国家现代化的经验启示

在新中国成立特别是改革开放以来的长期探索和实践的基础上，经过党的十八大以来在理论和实践上的创新突破，我们党成功推进和拓展了中国式现代化。

（一）中国共产党守初心担使命，把实现国家现代化作为长期持久的目标追求，为中国人民指明了前进方向

在毛泽东时代，我们就想把国家建设好，提出了"四个现代化"，再往后邓小平提出"中国式的现代化"，后来江泽民、胡锦涛都遵循

着这样的思想，继续推进着我们的事业。新时代习近平总书记提出"全面建设社会主义现代化国家和建成社会主义现代化强国"的宏伟目标，体现了中国共产党对现代化的一张蓝图绘到底的持之以恒的追求，为中国式现代化的不断推进，包括中国式现代化目标的逐步实现，指明了方向。

（二）中国共产党以马克思主义理论为指导，在与时俱进的实践中坚持实事求是的思想品格，致力于解决中国的实际问题

中国共产党具有先进性，在与时俱进的实践中，坚持实事求是的思想品格，一直围绕着我们正在做的事情，致力于解决中国的实际问题。所以党的二十大报告讲，中国共产党为什么能，中国特色社会主义为什么好，归根到底是马克思主义行，是中国化时代化的马克思主义行。讲了"两个行"。

马克思主义理论之所以行，一方面是因为马克思主义理论具有先进性，它武装了我们中国共产党人，所以中国共产党才有今天的成功。另一方面，因为它和中国实际进行了很好的结合，也和中华优秀传统文化进行了很好的结合，对中国的事熟悉，了解中国人的秉性，了解中国国情，这对于把中国的事办好非常重要。这是中国共产党的创造，这种结合是不断互动的关系。中国人民接受马克思主义有一个过程，中国共产党接受马克思主义，也是一个风云际会的结果。理论和实践在中国大地上展开，构成了中国共产党致力于国家现代化的生动的历史画面。

（三）中国共产党坚持人民立场，牢牢把握发展是硬道理和发展是第一要务

2018 年中央专门召开纪念马克思诞辰 200 周年大会，习近平总书记作了重要的报告，他讲到马克思主义的思想品质，其中有一条就是坚守人民至上的人民立场。马克思终其一生都是为天下人民谋幸福、求解放的，马克思主义理论就是为人民谋幸福的理论，中国共产党进一步将该理论与中国国情相结合。"江山就是人民，人民就是江山"最早是由习近平总书记的父亲习仲勋提出来的，后来在庆祝中国共产党成立 100 周年大会上的讲话中，习近平总书记把这个话写进去了。这句话强调了人民和党的关系、和国家政权的关系，有助于加深我们对这个问题的深入理解。我们强调人民至上，以人民为中心，就要对得起人民的信任和拥护，长久地坚持人民立场和以人民为中心的发展思想。怎么才能坚持这个发展思想？就要一以贯之地坚守发展是硬道理、发展是第一要务的认识，以经济建设为中心，把中国现代化事业不断地推向前进。正是因为把握了这条生命线，我们党才能带领人民进入万紫千红的春天。

（四）中国共产党牢牢把握社会发展的阶段性特征，紧紧围绕解决社会主要矛盾推进党和国家建设，努力使社会主义制度的优越性发挥出来

中国共产党每到一个重要的历史时期、历史阶段，都要召开会议或者制定规划，分析社会发展的阶段性特征，再根据不同的阶段、不同的特征，确定社会的主要矛盾。比如，党的十九大报告就讲到，中

国特色社会主义进入新时代，我国社会的主要矛盾已经转化为人民日益增长的美好生活需要和不平衡不充分的发展之间的矛盾。这个判断把我们集中力量要干什么事揭示出来了，我们就是希望人民过上美好生活，就是要解决发展的不平衡不充分之间的矛盾。

（五）中国共产党顺应人类和时代发展的大势，以坚韧不拔的意志、海纳百川的胸怀，进行了改革开放的制度创新，推动国家治理体系和治理能力的现代化

中国共产党胸怀天下，顺应人类和时代发展的大势，以坚韧不拔的意志、放眼世界、海纳百川的胸怀，进行了改革开放的制度创新，推动着国家治理体系和治理能力不断走向现代化。党的十九届四中全会专门作出决定，就是要坚持完善中国特色社会主义制度，推进国家治理体系和治理能力现代化。把制度的现代化提到了党和国家面前，为全面建成社会主义现代化强国提供制度上的保障。

四十余年改革开放的探索，我们不封闭、不保守，但是也不盲从、不照搬，而是根据我们国家的国情创造性地发展，实际上这也是一种守正创新。改革开放推动了我们现代化事业的不断发展，中国大地唱响了春天的故事，国家逐渐地富起来，并向强起来迈进。

（六）中国共产党建立与时代相适应的社会主义市场经济体制，使市场在资源配置中起决定性作用和更好发挥政府作用，努力将有效市场和有为政府两个比较优势发挥出来

建设有效市场和有为政府。党的十四大把建立社会主义市场经济体制写进大会报告，这对我们国家来说意义重大，从那时起到现在已经 30 多年过去了，市场经济体制在不断地完善，我们的思想也在不断地解放。发展社会主义市场经济极大地推动了中国现代化的发展，也引来了更多的资本。

发展社会主义市场经济是中国共产党人的伟大创造。马克思那个时候没想到这个事情，列宁的时代也没有经历过这样的情况，这是我们中国共产党的首创、独创，超越了一些马克思主义学者的传统解读，也突破了西方主流经济学的理论框架。社会主义市场经济的制度设计具有中国的鲜明特色，我们把有效市场和有为政府两个比较优势发挥出来，对于我们国家的现代化的逐渐推进具有重大的意义。

（七）中国共产党坚持不断完善社会主义基本经济制度，坚决捍卫"两个毫不动摇"，推动公有制经济和非公有制经济共同发展

改革开放以来我们一直在不断探索和完善社会主义基本经济制度，党的十九届四中全会把公有制为主体、多种所有制经济共同发展，按劳分配为主体、多种分配方式并存和社会主义市场经济体制，归纳为社会主义基本经济制度的内容，这是对社会主义基本经济制度的进一步完善。这三层内容构成了稳定性最强的三角形，相互支撑，形成了一个生态圈。

中国这么多年经济成长、社会进步的一个特别重要的经验，就是要牢牢地把握"两个毫不动摇"，无论是使市场在资源配置中起决定性作用，还是更好发挥政府作用，都必须毫不动摇地坚持我国基本经济制度，毫不动摇巩固和发展公有制经济，毫不动摇鼓励、支持和引导非公有制经济发展，激发非公有制经济活力和创造力。

对于非公有制经济的活力和创造力，前几年社会上有一些议论，这对非公经济产生了一些负面影响，一些企业有点担心，甚至有一点恐慌。2018 年习近平总书记专门召集了民营企业家座谈会，强调了民营企业的贡献，强调了民营企业是社会主义基本经济制度的内在因素，希望民营经济好好珍惜国家改革开放的有利环境，把心安下来，好好地在中国大地上发展。党的二十大报告也特别强调了这个问题，特别讲到要优化民营企业发展环境，依法保护民营企业产权和企业家权益，促进民营经济发展壮大。2022 年 12 月召开的中央经济工作会议再次强调了我们要坚持社会主义市场经济的改革方向。对那些违背"两个毫不动摇"的声音，要旗帜鲜明地表达出党和国家的方针政策，表达出对错误观点的批评态度，这有利于我们沿着正确的道路前进。

（八）中国共产党注重加强顶层设计和问计于民，精心研制符合国家长远发展的发展战略，鼓励地方基层有序展开渐进式改革探索

像中国共产党这样重视发展规划，在全球范围内可能也是一个奇迹。新中国成立以后，每到一个时期我们就制定一个发展规划（计划），现在已经制定了 14 个五年发展规划（计划），这是党和国家治国理政的重要方式和基本经验，体现出我们一张蓝图绘到底，发挥国家的比较优势，集中力量办大事的特色。所以这些年我们创造了令世界惊艳的经济快速发展奇迹和社会长期稳定奇迹。这两方面的事实摆

在那里，国际社会也很关注，也特别希望能够理解中国到底是怎么创造奇迹的。一些国家，包括欧洲一些国家，也包括一些发展中国家，他们觉得我们的发展有密码有秘密，想破译这个密码。实际上中国共产党人领导中国人民搞社会主义，就是我们的密码，就是能够产生奇迹的重要保障。

（九）中国共产党通过民主，特别是经济民主走先富帮后富的共同富裕道路，妥善处理公平与效率、发展与稳定的问题

中国共产党找到了一条民主的道路，就是通过民主，动员人民来监督政府，实际上也是监督我们党，这样我们党和政府就不能懈怠。新中国成立以后，我们也是通过民主，建设民主政治，更好地凝聚人心、凝聚共识。特别是经济上，通过经济的民主，走先富帮后富的共同富裕道路，较好地解决了公平和效率、发展和稳定的问题。公平和效率、发展和稳定是世界难题，许多国家都面对这样的选择和难题。中国改革开放以来取得的成绩说明，我们在处理这两种关系上还是比较努力，而且比较有成效的，这些对我们现代化建设有指导意义。

二、中国式现代化的痛点难点

我国实现高质量发展具有多方面优势和条件，也面临不少困难和挑战，推进中国式现代化更要直面挑战。其中，最大的挑战是我国社会的主要矛盾，即人民日益增长的美好生活需要和不平衡不充分的发展之间的矛盾，具体表现在五个方面。

（一）创新能力不适应高质量发展要求

高质量发展需要创新支撑，但现阶段我国的创新能力与高质量发展要求还存在一定差距。从创新指数看，世界知识产权组织发布的《2020 年全球创新指数（GII）报告》显示，在全球 131 个经济体中，中国位列全球创新指数榜单第 14 位。对创新型国家而言，其创新发展指数应明显高于一般国家，科技进步对经济社会发展贡献率大多超过70%，全社会研究与试验发展经费支出占国内生产总值比重通常高于2.2%，对外技术依存度通常在 30% 以下，中国与之相比，还存在一定差距。从创新投入看，世界银行统计数据显示，1996 年以来，中国研究与试验经费占 GDP 比重稳步上升，从 1996 年的 0.56% 提升至 2020年的 2.4%，除 2013 年略高于世界平均水平外，其他年份均低于世界平均水平，低于发达国家 3% 甚至 5% 的水平。由此可见，创新投入不足是掣肘我国高质量发展的重要因素。从创新产出看，根据《科技日报》所列清单，目前，制约我国工业发展的"卡脖子"技术包括光刻机、芯片、操作系统、航空发动机短舱、触觉传感器等 35 项，我国在上述领域的创新尚未取得重大突破，成为制约高质量发展的关键环节。

（二）城乡区域发展差距较大

我国幅员辽阔，城乡区域差异大，发展差距也较大，中国式现代化能否如期保质实现，关键在于城乡区域发展的短板能否补齐。从城乡发展差距看，我国城乡发展的相对差距逐渐缩小。2021 年，我国

脱贫攻坚战取得全面胜利，现行标准下 9899 万农村贫困人口全部脱
贫，832 个贫困县全部摘帽，12.8 万个贫困村全部出列，但城乡发展
的绝对差距仍然保持高位，且绝对差距水平略有提高①。从区域发展差
距看，东部、中部、西部地区的传统差距仍然存在，广东、江苏、浙
江、山东、河南、四川等六个经济大省的经济总量占全国经济总量的
45%，市场主体数量占全国比例超过 40%，贡献了 40% 以上的就业，
进出口和利用外资接近全国的六成，广东、江苏、浙江和山东在地方
对中央财政净上缴中贡献超过六成②，意味着其他省份的经济规模和
贡献相对较小，与经济大省存在较大差距。同时，在发展过程中还出
现"南北差距"，北方地区资本积累速度较慢是主要原因，经济体制
机制改革滞后、经济结构不合理、劳动力数量减少等是重要原因。③

（三）生态环保任重道远

过去的粗放式发展方式，对生态环境产生了较大破坏，虽然我国
采取多项综合治理措施，成效较为显著，但生态环境保护任重道远。
究其原因，一是经济转型升级周期较长。从粗放式发展转向集约式发
展，从中高速增长转向高质量发展，经济转型升级无法一蹴而就，需
要较长的周期，在经济实现转型升级之前，发展仍对生态环境带来一

---

① 参见方向明、覃诚：《现阶段中国城乡发展差距评价与国外经验借鉴》，《农业经济问题》2021 年第 10 期。
② 参见《李克强主持召开经济大省政府主要负责人经济形势座谈会强调 在经济稳定恢复中承担经济大省应有责任 保市场主体 稳就业稳物价保障基本民生》，《人民日报》2022 年 8 月 17 日。
③ 参见盛来运、郑鑫、周平等：《我国经济发展南北差距扩大的原因分析》，《管理世界》2018 年第 9 期。

定的压力。二是能源结构调整存在技术阻碍。我国能源的生产与消费呈现以煤炭为主、多能互补的结构，截至目前，非化石能源占能源消费总量比重约为17.3%，超过80%仍依赖化石能源，我国加快发展清洁能源的进程受制于技术创新和应用，无法在短期内迅速实现清洁能源规模化发展。三是绿色理念内化为习惯仍需时间。无论在生产领域，还是在生活领域，将绿色理念内化为生活方式，都是一项长期工程，需要全社会共同努力。

（四）外部环境日趋错综复杂

世界百年未有之大变局进入加速演变期，国际环境日趋错综复杂。从正向因素看，尽管存在地区冲突、局部战争，但和平与发展仍是时代主题；新一轮科技革命和产业变革深入发展，工业4.0、物流网、大数据、云计算、人工智能、区块链等发挥重要作用；国际力量对比深刻调整，以中国为代表的新兴市场国家在国际格局中的地位和作用越发重要；在人类发展、重大突发事件等具有共性的问题上，人类命运共同体理念深入人心。从负向因素看，经济全球化遭遇逆流，少数国家奉行的单边主义、保护主义对经济全球化、区域经济一体化产生负面冲击；不稳定性不确定性明显增加，"黑天鹅""灰犀牛"等事件频发。

（五）收入分配差距较大

收入分配差距问题一直是我国面临的突出问题。2003年以来，我国基尼系数均在0.46以上，超过0.4的国际警戒线，存在收入差距较大的问题。从城乡收入分配差距看，2009 年之前的很长一段时间，我国城镇居民人均可支配收入是农村居民人均可支配收入的 3 倍多，尽管 2010 年这一差距逐渐缩小至 3 倍以内，但截至 2021 年年底，二者的比值仍达到 2.5。从行业收入分配差距看，以金融业和建筑业为例，我国金融业城镇单位就业人员平均工资约为建筑业城镇单位就业人员平均工资的 2 倍，更高的甚至达到 2.5 倍（2008—2012 年）。从企业收入分配差距看，国有单位就业人员平均工资始终高于城镇私营单位就业人员平均工资，前者约为后者的 1.6—1.9 倍，2020 年，国有单位就业人员平均工资为 10.8 万元，城镇私营单位就业人员平均工资为 5.8 万元。

三、中国式现代化的政策建议

发展是党执政兴国的第一要务，是解决我国一切问题的基础和关键，中国式现代化离不开发展。我国已经开启全面建设社会主义现代化国家新征程，推进中国式现代化是一项系统工程，要在创新、协调、绿色、开放、共享的新发展理念的指引下，推动各领域迈向高质量发展。

（一）以创新理念强化科技战略支撑

党的十九届五中全会强调"坚持创新在我国现代化建设全局中的核心地位"，提出"把科技自立自强作为国家发展的战略支撑"。科技创新是提高国家综合实力和国际竞争力的决定性力量，世界基本实现现代化的国家均将科技创新战略上升为国家战略。

一是打好关键核心技术攻坚战。健全社会主义市场经济条件下新型举国体制，既要发挥新型举国体制的集中优势力量、调动一切资源进行技术攻关的基本优势，又要发挥新型举国体制的整体协同、关键集中优势、有效动员的特别优势[①]，对"卡脖子"关键核心技术进行攻关，不断提高创新链整体效能。加大基础研究、应用研究的投入力度，加强交叉学科的深度融合，实施一批具有前瞻性、战略性的国家重大科技项目，重组国家重点实验室体系，优化创新高地和科技平台的综合布局。

二是提升企业创新能力。企业在创新中占主体地位，要弘扬企业家创新精神，从财政、金融、产业、人才等多个视角综合施策，引导各类创新要素向企业集聚，为企业营造良好的创新环境。构建创新联合体，由大型企业牵头，依托产业链建立包括大中小微型企业在内的创新联合体，推进产学研政金深度融合。鼓励"专精特新"企业发展，建立"专精特新"企业培育和扶持机制，引导"专精特新"企业做精、做细。

三是激发人才创新活力。完善人才发展体制机制，建立人才培育、人才引进、人才使用的全方位政策体系，营造尊重劳动、尊重知识、尊重人才、尊重创造的社会氛围。加强知识产权保护，鼓励人才参与"揭榜挂帅"，在科技成果转化中给予人才相应的激励和保障，建立体现知识、技术等创新要素价值的收益分配机制。

---

① 参见包炜杰：《从"举国体制"到"新型举国体制"：历史与逻辑》，《社会主义研究》2021 年第 5 期。

（二）以协调理念落实重大国家战略

我国已经形成以区域重大战略、区域协调发展战略、主体功能区战略为一体的区域发展战略，也形成以新型城镇化战略、乡村振兴战略为一体的城乡发展战略，要将重大国家战略落到实处。

一是落实区域发展战略。从传统区域发展战略看，要继续推动东北振兴战略，推进西部大开发，促进中部快速崛起，鼓励东部地区引领现代化建设，同时，建立东部、中部、西部、东北地区互帮互助机制、区际利益补偿机制，支持发达地区与老少边穷地区建立定向扶助机制。从新兴区域发展战略看，要推进京津冀协同发展、长江经济带发展、粤港澳大湾区建设、长三角一体化发展、黄河流域生态保护和高质量发展，寻找新的增长点、建立新的增长极、打造新的创新平台，切实发挥引领区域发展的作用。

二是完善以人为核心的新型城镇化战略。实施城市更新行动，对于老城区，要加强城镇老旧小区改造和社区建设；对于新城区，要统筹城市规划、建设、管理，建立生态美好、功能完善、人口适中的城市居住地。推进城市群建设，可充分汲取世界有益经验，促进中心城市和卫星城市、大城市和中小城市以及小城镇协调发展。推进以县城为重要载体的新型城镇化建设，科学把握功能定位，遵循大城市周边县城、专业功能县城、农产品主产区县城、重点生态功能区县城、人口流失县城等划分标准，分类引导县城发展方向。

三是实施乡村振兴战略。以一二三产业融合发展为路径，着力构建现代乡村产业体系、现代农业经营体系，推进乡村产业智慧化、绿色化、现代化。实施乡村建设行动，从水、电、路、气、通信等硬件基础设施，到医疗卫生、养老健康、基本公共服务等软件配套设施，实行全面建设和提升行动。深化农村改革，深化土地所有权、承包权、经营权的"三权分置"改革，深化宅基地所有权、资格权、使用权的"三权分置"改革，深化农村集体产权制度改革。

（三）以绿色理念有序推进碳达峰碳中和

坚持"总体部署、分类施策，系统推进、重点突破，双轮驱动、两手发力，稳妥有序、安全降碳"原则，落实《2030 年前碳达峰行动方案》，有序推进碳达峰碳中和。

一是分类型梯次有序实行碳达峰碳中和行动。从省级、市级、县级层面，对不同类型的城市进行分类，根据城市特点，分类型梯次有序实行碳达峰碳中和行动。对于经济发展相对成熟的城市和生态相对脆弱的城市，鼓励提前实现碳达峰碳中和；对于资源型城市和经济转型城市，可要求按时实现碳达峰碳中和；对于经济发展尚不成熟的非资源型城市，可允许其适当延期实现碳达峰碳中和。

二是分重点系统落实节能降碳行动。部分领域、行业、地区碳排放量较大，可抓住主要矛盾和矛盾的主要方面，推动重点领域、重点行业和有条件的地方率先实现碳达峰碳中和。工业领域、城乡建设、交通运输等是碳排放的重点，可分重点系统落实节能降碳行动。

三是双轮驱动协同推进绿色转型发展。要构建清洁低碳安全高效的能源体系，以"三个一批"推进能源开发利用转型升级，即"严控一批""淘汰一批""升级一批"。要大力发展循环经济，促进产业园循环发展，加强大宗固废综合利用，健全资源循环利用体系，着力推进生活垃圾减量化资源化。

（四）以开放理念加快构建新发展格局

要根据发展环境、发展理念、发展任务等变化，加快构建以国内大循环为主体、国内国际双循环相互促进的新发展格局。

一是畅通国内大循环。打通生产、分配、流通、消费各环节堵点，建设全国统一大市场，是构建新发展格局的基础支撑和内在要求。要强化产权保护、市场准入、公平竞争、社会信用等市场基础制度规则统一；要推进现代流通网络、市场信息交互渠道、交易平台等市场设施高标准联通；要打造统一的土地、劳动力、资本、技术、数据、能源和生态环境市场；要推进商品和服务市场高水平统一，推进统一市场监管规则、监管执法和监管能力建设，同时，要进一步规范市场不当竞争和市场干预行为。

二是促进国内国际双循环。国内大循环要与国际循环双向互动，完善资源要素流动机制，充分利用国内国际两个市场、两种资源，增强国内大循环的吸引力和竞争优势，以国内大循环吸引全球要素资源，让全球优质要素资源充分流入国内大循环，同时，还要畅通国内大循环要素资源流向国际循环的渠道。促进标准一体化，从法律法规、监管体制、经营资质、质量标准、检验检疫等多个角度，推进国内大循环和国际循环的同线同标同质，实现标准一体化。

（五）以共享理念扎实推动共同富裕

共同富裕是中国式现代化的重要特征，要坚持以人民为中心思想，扎实推动共同富裕。

一是不断提高发展的平衡性、协调性、包容性。要提高区域发展的平衡性、协调性、包容性，实施区域重大战略和区域协调发展战略，健全转移支付制度，健全区域战略统筹、市场一体化发展、区域合作互助、区际利益补偿等机制。要提高行业发展的平衡性、协调性、包容性，加快电网、电信、铁路、石油、天然气等垄断行业改革，加强和改进房地产、互联网寡头等反垄断和反不正当竞争执法，推动金融、房地产同实体经济协调发展。要提高企业发展的平衡性、协调性、包容性，支持不同规模、不同性质企业发展，构建新型政商关系。

二是着力扩大中等收入群体规模。中国式现代化要形成中间大、两头小的"橄榄型"分配结构，即中等收入群体比重较大，高收入和低收入群体比重较小。目前，我国中等收入群体的规模为4亿多人，相较"橄榄型"分配结构仍存在一定差距，要重点和精准培育中等收入群体。技术工人、中小企业主和个体工商户、公务员，特别是基层一线公务员及国有企事业单位基层职工等都属于中等收入群体，要精准施策，推动更多低收入人群迈入中等收入行列。

三是促进基本公共服务均等化。低收入群体是促进共同富裕的重点帮扶保障人群，要以低收入群体为重点，从教育、养老、医疗、社会救助、住房等多个方面综合持续发力，促进基本公共服务均等化，让全体公民充分享有基本公共服务，不断提升人民群众的获得感、幸福感、安全感。

四是促进农民农村共同富裕。要夯实全面建成小康社会根基，建立健全巩固拓展脱贫攻坚成果的长效机制，聚力做好脱贫地区巩固拓展脱贫攻坚成果同乡村振兴有效衔接工作，健全农村低收入人口常态化帮扶机制，着力提升脱贫地区整体发展水平。要全面推进乡村振兴战略，加快农业产业化发展，盘活农村资产。要加强农村基础设施和公共服务体系建设，将强化主体责任与精准把控相结合，将外在参与和内生发展相结合，不断改善农村人居环境。

1840年以后，中国开始"睁眼看世界"，实现现代化是无数仁人志士的追求。从太平天国到洋务运动，从戊戌变法到辛亥革命，中国现代化的探索均以失败告终，根本原因在于未能有一个坚强领导，将现代化与中国具体实际相结合，走出适合中国的现代化道路。中国共产党自成立以来，始终将中国的现代化作为孜孜以求的目标，经过百年探索，走出了一条适合中国的现代化道路，即中国式现代化道路，其是世界现代化的最新实践成果，是人类文明发展最具代表性的新形态。目前，中国已经实现全面建成小康社会的第一个百年奋斗目标，正在向全面建设社会主义现代化国家的第二个百年奋斗目标迈进。要精准把握中国式现代化的特点，发挥中国式现代化的优势，寻求中国式现代化的进路，不断将中国式现代化推向新的发展征程。

推进中国式现代化，必须坚持中国共产党的领导。一方面，要深化党领导中国式现代化的理论认识。任何一个国家推进现代化，都要有组织形式的领导，由谁领导决定了这个国家现代化的性质方向、特色优势、动力保证，等等。中国共产党自诞生之日起，就致力为实现中国的现代化寻找答案。党在新民主主义革命时期团结带领人民实现民族独立、人民解放，在社会主义革命和建设时期团结带领人民开展各项建设，在改革开放和社会主义现代化建设新时期团结带领人民继续探索中国式现代化的正确道路，在中国特色社会主义新时代开创中国式现代化新境界，决定了中国式现代化只能由中国共产党领导。要深化党领导中国式现代化的理论认识，不断增强对党领导中国式现代化的信仰感、信念感、信任感。另一方面，要落实党领导中国式现代化的战略部署。根据中国式现代化的特点，中国共产党提出中国式现代化建设的总目标、时间表、任务书。中国式现代化的总目标是建设富强民主文明和谐美丽的社会主义现代化强国，时间表是到 2035 年基本实现社会主义现代化、到本世纪中叶全面实现社会主义现代化的两个阶段的战略安排。任务书囊括经济、政治、文化、社会、生态文明建设的"五位一体"总体布局，要根据党领导中国式现代化的战略部署，不断将中国式现代化建设落实、落细、落好。

四、中国式现代化的强国前景展望

中国式现代化是一个动态的历史过程，走着走着，走到今天它就碰到了全面建设社会主义现代化国家，也是往前走，走着走着，目标就变成现代化强国。党中央的安排是，全面建成小康社会之后，我们把战略目标分成两个阶段，第一个阶段是从 2020 年到 2035 年，基本

中国式现代化的强国前景展望

实现现代化；然后在这个基础上再奋斗十五年，到本世纪中叶把我国建成一个富强民主文明和谐美丽的社会主义现代化强国。

我们党在设计这个现代化强国的时候，有一些总括性的描述，比如说到那个时候，我国的物质文明、政治文明、精神文明、社会文明、生态文明将全面提升，实现国家治理体系和治理能力现代化，成为综合国力和国际影响力领先的国家，全体人民共同富裕基本实现，我国人民将享有更加幸福安康的生活，中华民族将以更加昂扬的姿态屹立于世界民族之林。具体来说，值得我们认真思考的地方很多。比如说，全体人民共同富裕基本实现这个目标，就隐含着一些重要的指标，将来是需要把它研究出来的，当然党代会的报告不会写得那么细。我们还可以作一点设想，从经济现代化、经济强国的角度作一点描述，提出现代化的经济强国所具备的一些特征。

一是要具有世界排名靠前的经济规模和人均收入，拥有世界上最大数量的中等收入群体。有人认为世界排名靠前的经济规模现在就实现了，这一点确实现在已经实现了，我们已经是世界第二大经济体。在新冠疫情前有人计算，认为大概在2030年左右，或者再晚些2035年左右，中国经济总量就有可能赶上或超过美国，成为世界第一大经济体，应该说这个目标是有可能的，总的来讲我国经济增长速度还是高于美国的，平均比美国多两三个百分点，按照这个速度往前赶，实现预期应当说问题不大。但这两年的疫情对经济有一些影响，有的人研究觉得超过美国的时间可能要稍微拖长一点。但总体上看，在十到十五年左右的时间里，我们成为世界第一大经济体还是蛮有希望的。那就是说，在迈向本世纪中叶的二十多年时间里，只要我们还能保持世界领先的发展速度稳稳当当地搞经济建设，世界不发生极其严重的问题，应该说不成问题。

实现世界排名靠前的人均收入，这个难度就很大。党的二十大报告中讲到，2035年我们的人均国民收入达到中等发达国家水平。这个目标是相当高的。中等发达国家的人均水平大概是多少呢？学术界也有争论，大体上得达到2.5万到3万美元。我们现在是多少呢？2021年底是人均1.25万美元，也就是说在2035年基本实现现代化的时候，我们还需要翻一番才能基本达到中等发达国家水平。按照一些研究机构的观点，要实现这个目标，"十四五"时期经济要保持6%左右的增长，"十五五"时期经济要保持5%左右的增长，"十六五"时期经济要保持4%左右的增长。经济总量高了以后，增长率会逐渐放缓，平均接近4.8%左右，这是预计这十五年的增长值。但是，三年疫情期间，我国经济年均增长4.5%左右，等于是有一大块任务没完成，下一步就得把它补上才行。这个目标是需要我们跳起来、扬着手，才能够到这个杆。按习近平总书记讲的，那得是靠奋斗才能得到，靠躺平肯定是不行的。

另外，我们将拥有世界上最大数量的中等收入群体。什么是中等收入群体？学者之间有争论，西方国家大体上认为，一个三口之家有自己的房子、有自己的车子、有不错的工作，这就是一个中产阶级家庭了。我国的学者意见不完全一样，但大致的说法，按国家统计局截至2018年的调查数据和统计数据，就是以三口之家年收入计算，只要过了 10 万元人民币，就算进入中等收入群体了，这是底线；上限是 50 万元人民币。也就是说三口之家年收入在 10 万到 50 万元人民币之间，就算中等收入家庭了，进入中等收入群体了。根据这个测算现在我国的中等收入人群有 4 亿人，经济学家认为，从世界的经验看，只有中等收入群体增加，这个国家才能不断地产生推动社会进步的力量，包括培养出有巨大消费潜力的群体来支撑下一步的发展，特别是支撑以国内大循环为主体、国内国际双循环相互促进的新发展格局。

习近平总书记在《扎实推动共同富裕》的文章中，对中等收入群体不断增加特别寄予希望，他讲到，高校毕业生是有望进入中等收入群体的重要方面，技术工人也是中等收入群体的重要组成部分，中小企业和个体工商户是创业致富的重要群体，进城农民工是中等收入群体的重要来源。当然他也讲到了我们一些企事业单位的工作人员，特别是地方政府的工作人员、基层的工作人员，也有可能晋升到中等收入群体中来。中等收入群体不是关着门，而是敞着门的，谁愿意进来都欢迎。所以下一步的任务，是要提高城乡居民收入水平，这是很重要的工作。如果按照目前的设想，到 2035 年基本实现现代化，中等收入群体要翻一番的话，就是由现在的 4 亿人增加到那个时候的 8 亿多人，这将对我们国家消费能力的提升、超大规模市场的形成起到很重要的作用。

经济学界有关专家在研究中等收入群体倍增这个思想，中央文件中还没有明确提"倍增"这个事，但是习近平主席在亚太经合组织工商领导人峰会上发表的讲话中提到，现在我们有 4 亿的中等收入群体，我们设想在未来十五年中等收入群体要翻一番超过 8 亿，形成超大规模市场能力。习近平主席这样讲，实际上可以理解为提出了这个问题，也就是到 2035 年有两个"倍增"，一个是人均国民收入的倍增，一个是中等收入群体的倍增。这两件事情如果干得好，对于整个国家经济特别重要。当我们变成经济强国的时候，可能也就不只是 8 亿的中等收入群体，而是 10 亿甚至 12 亿的中等收入群体。这样的话，形成一个橄榄型的社会分配结构，这对一个国家的稳定特别重要。

二是在科技上具有自立自强的科技创新能力，处在创新型国家前列，掌握相当一批核心关键技术。拉丁美洲的巴西、阿根廷等国家，在 20 世纪五六十年代就进入到中等收入国家行列了，但是从那时到现在七八十年过去了，他们还是没有进入到高收入国家行列。什么原因呢？因为拉丁美洲现代化发展的"依附理论"，他们依附于发达国家，甚至在有些产业上跟发达国家有一些分工，比如说美国人能造汽车或者是更先进的手机，但拉丁美洲国家不行，但他们可以生产裤子、衬衫，生产热带水果。产业依附让这些国家经济发展到了一定程度以后，再上台阶就难了。所以在发展的关键时刻，这些国家在科技创新能力上不足，推动产业往上走的能力就不够，在国际市场的竞争力就不强，由此就会产生社会就业等很多问题，所以拉丁美洲一些国家经常出现骚乱、社会动荡，政府不断地更迭，有的时候需要进行军事管制才能维持稳定。这些国际经验告诉我们，中国不能搞经济依附。这么大的国家绝不能依附于其他国家，这么大的国家，不可能靠给美国开车门、帮美国擦汽车发展。我们的发展，必须要有自立自强的科技创新能力。

在党的二十大报告的表述中，我国已经进入创新型国家行列，这是好消息，这个表述在以前的报告中没有出现过。以前的报告中讲创新型国家，用的是"正在努力建设""正在积极建设""正在加快建设"等话语，这次二十大报告说我们已经进入创新型国家行列。但是要注意，"行列"不是"前列"，2035年我们要进入的是创新型国家前列。联合国发布的材料说，创新型国家排在中国前面的，现在大概有10多个国家，分为ABC三类，A类是美国，B类是德国、日本等，我国目前在C类。也就是说现在我们已经进入这个行列了，但还不在前列，我们就要追，争取追到本世纪中叶能和美国并列，当然更希望能超过去。中国现在有些技术已经超过美国了，但只是少量的一部分，也有少量的一些跟美国在并跑，我们跑得也比较快，但是更多的是跟跑，跟跑也有跟得紧和跟得远的问题，总体上和美国还是有差距。美国把全世界的人才都拢到它那去了，我们国家在搞创新型国家建设，这些年也用很大的力气吸引人才回国，但美国采取了很多措施对我们的顶尖级人才进行防范，或者设置返回障碍，人才的竞争也到了很关键的时候。到了现代化强国阶段，人类社会前沿的一些核心关键技术，我们都应该掌握。到那个时候，就像航空方面，民用大飞机的发动机肯定是我们自己生产的；航空母舰的很多技术也都在我们手里。这样国家才更加安全，才是真正的强、而不是"虚胖"。

三是要具有高端化和生态化的产业结构。我们改革开放40多年的发展，是在产业的中低端展开的，总体上说欧美是中高端，中国是中低端，这样的话有一个错位竞争。现在中国中低端的产品生产没有优势了，因为在越南、柬埔寨、泰国等国家，生产衬衫、牛仔裤、皮鞋，劳动力成本很低，大概是中国的七、八分之一。前一段时间全国政协经济委员会到苏州工业园调研的时候，有些民营企业已经做得很大了，他们的董事长讲，现在挺难的，高技术工人竞争很激烈，经常被挖走，面临着很多困难，下一步就得往产业的中高端发展才行。过去那种粗放型的发展，靠劳动力密集、资源密集、要素密集的投入是不具有可持续性的。

所谓高端化就是要抢占制高点，用军事语言讲叫制空权、制海权、制陆权。比如电影《长津湖》里，我们把美军陆战一师分割包围了，如果当时我们有制空权、制海权、制陆权的话，那个美军陆战一师就有可能被我们完全消灭，但是我们最后仅消灭了他们一部分，还有很多最后突围出去了。美国自己也搞战争史，说他们是怎么在中共军队层层包围的情况下突围成功的。

所谓突围成功，就是美国有制空权、制海权、制陆权，大量的军舰在海边把他们的人拉走了，我们志愿军追到海边也只能望海兴叹。同样的道理，中国经济走到今天，必须得向高端进军，抢占制高点，就得有决心和西方国家进行博弈，在博弈中提高自己，在全球分工中占据有利地位。

所谓生态化就是绿色发展、低碳发展，这对中国经济产业发展压力还是很大的，但也是一个很大的机会。中国"碳达峰""碳中和"的目标、方向和时间表已经向国际社会公布了，要用这个时间表倒逼国内的产业结构调整和产业改革。那些放黑水、冒黑烟的企业，现在必须严格管理了，我们要建设生态文明的美丽中国。这两年新能源势头很猛，包括新能源汽车速度发展很快，在国际市场上也有优势。中国的产业转型中，在有些方面占有先机，对开拓国际市场也有重大突破，将来我们的产业，要在全球分工中占据更有利地位。

四是具有高质量的城市化，并形成一批具有国际影响力的超大规模城市群，这能表明一个国家的实力。现在西方国家的城市化应当说基本上已经完成，他们的国家城镇化率普遍在70%以上，个别国家和地区甚至达到100%，比如新加坡。我们不是说城镇化率越高越好，因为这要跟国家情况联系起来，但也不是说越低就越好。

我们过去城镇化率很低，1949年新中国成立时，中国的城镇化率只有10%，就是说十个人里头有一个人能在城里工作，另外九个人要在农村种地，种地用不了这九个人，再弄城里去也不行，城里没有足够的工厂来吸纳和消化，还是在农村待着。所以我们计划经济年代实行的是严格的城乡分治、二元分治。改革开放以后发现二元分治不行，人都固定在土地上，农民不能流动，影响国家的发展，所以改革开放以后一个很大的进步，就是城镇化速度迅速加快，1949年到1979年，30年间我们城镇化率才提高了八个百分点，不到18%，而改革开放以后这个速度就开始加快了，现在我们常住人口城镇化率已经到了65%，也就是说我们有三分之二的人口在城市里生活发展，一个城市中国正在向我们走来。

城市中国的到来，出现了大量进城务工人员，农民变成产业工人，上亿的农民工在中国大地上流动，每逢春节，浩浩荡荡的春运大潮，形成了壮观的场面。在城镇化推进的过程中也出现了一系列的城市群，像京津冀城市群、长三角城市群、珠三角城市群，现在是粤港澳大湾区，成都、重庆双核心的城市群等等，这些城市群作为一个发动机，作为引擎，在带动区域增长、聚集要素、科技创新、培养人才等方方面面起到了重要的作用。但是从世界眼光来看，像美国的纽约城市群、英国的伦敦城市群、法国的巴黎城市群、日本的东京城市群等，有很多值得我们学习的东西。我们中国的城市群还需要进一步提高，有更大的带动能力，能容纳更多的人口。这些年北京因为控制人口，采取了很多减量的措施，将来如果我们的治理能力提升了，制度水平提升了，基础设施能力也提升了，实际上像京津冀的大城市、珠三角的大城市，还是可以容纳更多人在这里集聚的，这对于整个经济发动机的培育非常重要。

五是要具有可自由兑换的国际货币以及发达稳健的金融体系。人民币在改革开放过程中，实际上也是在不断地走向世界，现在我们的人民币可以和大部分货币自由兑换，但有一部分是不能兑换的，这是由我们国家管制的。货币到国际市场上能自由兑换，代表着国家真正强大了。我们将来的目标是人民币可自由兑换，自由兑换的时间表是什么？我们的发言人说，人民币自由兑换是我们的一个既定目标，但没有时间表。不告诉具体时间表，以免将来被动。我们会根据自己的情况，看着世界形势挺好，顺风顺水，我们就加快推进；如果看到形势危险紧张，那就慢点走，或者就不走了坐着休息，节奏掌握在我们自己手里。国际金融资本流动是非常大的事情，稍有不慎就会出大乱子，要特别小心，否则好不容易挣点钱，弄不好自己包里的钱就变成别人包里的钱了。我们国家的金融体系，一定要把我们的钱看住，改革开放 40 多年，人民辛辛苦苦挣的钱，一定要得到保护要守住，不能跑到美国兜里去，跑到西方国家兜里去，这就要求有一个发达稳健的金融体系，包括对大型金融机构的监管。

这方面美国也有教训，2008 年他们爆发国际金融危机就是从大金融集团开始的。实际上美国这些年经济总体上还是可以的，但是搞金融创新，各种衍生工具太多了，一旦出现风吹草动就会出现问题。金融机构内部监管也不到位，也存在着"牛栏关猫"问题；美国本身也有国家金融监管，也不到位；然后还有个国际金融监管，那更没用，三层防线都被突破，所以美国爆发了金融危机。这对我们国家是一个很大的警示，最近这些年我们一直在研究怎么能够把我们国家的金融搞好，坚决守住系统性金融风险的底线，建设发达稳健的金融体系，包括我们的金融市场、资本市场怎么能够更加成体系，更好地解决中小企业以及更多企业的直接融资问题，这是很大的问题，需要我们去研究。

比如中国股市，有人说经过这三年疫情以后，希望 2023 年股市能够稍微好一些，我们经济要恢复信心，要稳定市场预期、社会预期，股市是重要的晴雨表，股市得稍微提振信心，这样的话有利于带动大家去投资资本市场。这几年由于新冠疫情，很多老百姓也不买房子了，也不买股票，都把钱存到银行里，这种防御性的储蓄增量很快，把银行搞得很紧张，因为钱存到商业银行不贷出去，将来利息怎么还？所以银行也在想办法，找各种企业放贷款，于是看上了央企，因为央企比较稳当，贷给他们能还，中小企业发展，国家是支持，但是有的中小企业贷款，银行就有点担心风险太高，怕将来有些企业破产了或者关门了怎么办。这些问题的出现都是因为我们目前的金融体系不是很健全。"身板"还不是特别好的话，在国际博弈中，就得"搂着点"，得有一个防火墙才行。

最后，综合前面这些方面的内容，我们说要建设一个现代化的经济强国，还得在国际经济体系中具有重要的地位和极强的国际影响力，所以到本世纪中叶，我们要建成一个社会主义现代化强国，经济要强，各个方面都要强，金融也要强，党的二十大报告讲到了"强国"，提到了制造强国、海洋强国、农业强国、质量强国等十三个强国。种类还不全，说明有的领域还没有完全强。比如"金融强国"就没写入报告，所以金融界的同志得努力，这次没写上，看看争取党的二十一大能不能写上。经济要强金融也得强，必须强才行。"航天强国"写入报告了，"航空强国"没写入，所以航空方面也得好好努力。航空这几年很有进步，军队装备的军用飞机发展速度很快，民用大飞机也投入商业运营了，第一架已经交付东航使用。但是大飞机的发动机还不是我们自己制造的，我们还有很多工作需要进一步加强，来提升我们的影响力。

参考文献

《马克思恩格斯全集》第 1 卷，人民出版社 1995 年版。

《马克思恩格斯全集》第 4 卷，人民出版社 1958 年版。

《马克思恩格斯全集》第 46 卷，人民出版社 2003 年版。

《马克思恩格斯选集》第 1 卷，人民出版社 1995 年版。

《马克思恩格斯文集》第 1 卷，人民出版社 2009 年版。

《马克思恩格斯文集》第 2 卷，人民出版社 2009 年版。

《马克思恩格斯文集》第 3 卷，人民出版社 2009 年版。

《马克思恩格斯文集》第 6 卷，人民出版社 2009 年版。

《毛泽东选集》第三卷，人民出版社 1991 年版。

《毛泽东文集》第六卷，人民出版社 1999 年版。

《毛泽东文集》第八卷，人民出版社 1999 年版。

《毛泽东年谱 (1949—1976)》第二卷，中央文献出版社 2013 年版。

《邓小平文选》第二卷，人民出版社 1994 年版。

《邓小平文选》第三卷，人民出版社 1993 年版。

《江泽民文选》第一卷，人民出版社 2006 年版。

《江泽民文选》第二卷，人民出版社 2006 年版。

《胡锦涛文选》第二卷，人民出版社 2016 年版。

《习近平谈治国理政》第一卷，外文出版社 2018 年版。

《习近平谈治国理政》第三卷，外文出版社 2020 年版。

《习近平谈治国理政》第四卷，外文出版社 2022 年版。

习近平：《决胜全面建成小康社会　夺取新时代中国特色社会主义伟大胜利——在中国共产党第十九次全国代表大会上的报告》，人民出版社 2017 年版。

习近平:《高举中国特色社会主义伟大旗帜　为全面建设社会主义现代化国家而团结奋斗——在中国共产党第二十次全国代表大会上的报告》,人民出版社2022年版。

《中共中央文件选集(1949年10月—1966年5月)》第24册,人民出版社2013年版。

《十一届三中全会以来重要文献选读》上册,人民出版社1987年版。

中共中央文献研究室编:《改革开放三十年重要文献选编》(上),中央文献出版社2008年版。

《中国共产党第二十次全国代表大会文件汇编》,人民出版社2022年版。

薄一波:《若干重大决策与事件的回顾》上卷,中共党史出版社2008年版。

[美]保罗·萨缪尔森、威廉·诺德豪斯:《经济学》,萧琛等译,华夏出版社1999年版。

[印]维诺德·托马斯等:《增长的质量》,张绘、唐仲、林渊译,中国财政经济出版社2001年版。

习近平:《把握新发展阶段,贯彻新发展理念,构建新发展格局》,《求是》2021年第9期。

习近平:《扎实推动共同富裕》,《求是》2021年第20期。

习近平:《正确认识和把握我国发展重大理论和实践问题》,《求是》2022年第10期。

习近平:《新发展阶段贯彻新发展理念必然要求构建新发展格局》,《求是》2022年第17期。

习近平:《坚持人民至上》,《求是》2022年第20期。

习近平:《在民营企业座谈会上的讲话》,《人民日报》2018年11月2日。

习近平:《习近平主持召开中央财经委员会第十次会议强调　在高质量发展中促进共同富裕　统筹做好重大金融风险防范化解工作》,《人民日报》2021年8月18日。

《习近平在省部级主要领导干部"学习习近平总书记重要讲话精神,迎接党的二十大"专题研讨班上发表重要讲话强调　高举中国特色社会主义伟大旗帜　奋力谱写全面建设社会主义现代化国家崭新篇章》,《人民日报》2022年7月28日。

《李克强主持召开经济大省政府主要负责人经济形势座谈会强调　在经济稳定恢复中承担经济大省应有责任　保市场主体　稳就业稳物价保障基本民生》,《人民日报》2022年8月17日。

习近平:《坚守初心　共促发展　开启亚太合作新篇章——在亚太经合组织工商

领导人峰会上的书面演讲》,《人民日报》2022 年 11 月 18 日。

《中央经济工作会议在北京举行》,《光明日报》2022 年 12 月 17 日。

董小君:《把握资本行为规律 防止资本无序扩张》,《光明日报》2021 年 12 月 21 日。

《1.5 亿市场主体支撑经济行稳致远》,《经济日报》2022 年 4 月 1 日。

《专访人民大学宋扬:全球不平等存七大典型事实 扩大中等收入群体需关注两大冲击》,《证券时报》2022 年 1 月 26 日。

叶汝贤:《每个人的自由发展是一切人的自由发展的条件——〈共产党宣言〉关于未来社会的核心命题》,《中国社会科学》2006 年第 3 期。

张占斌、王学凯:《中国式现代化:理论基础、思想演进与实践逻辑》,《行政管理改革》2021 年第 8 期。

张占斌:《中国式现代化的共同富裕:内涵、理论与路径》,《当代世界与社会主义》2021 年第 6 期。

黄群慧:《新发展格局的理论逻辑、战略内涵与政策体系——基于经济现代化的视角》,《经济研究》2021 年第 4 期。

陆学艺:《社会建设就是建设社会现代化》,《社会学研究》2011 年第 4 期。

方向明、覃诚:《现阶段中国城乡发展差距评价与国外经验借鉴》,《农业经济问题》2021 年第 10 期。

盛来运、郑鑫、周平等:《我国经济发展南北差距扩大的原因分析》,《管理世界》2018 年第 9 期。

包炜杰:《从"举国体制"到"新型举国体制":历史与逻辑》,《社会主义研究》2021 年第 5 期。

张占斌、毕照卿:《经济高质量发展》,《经济研究》2022 年第 4 期。

王一鸣:《百年大变局、高质量发展与构建新发展格局》,《管理世界》2020 年第 12 期。

汪裕尧:《关于资本主义工商业社会主义改造的几个问题——读毛泽东关于资本主义工商业改造的三篇著作》,《党的文献》1998 年第 6 期。

高培勇、袁富华、胡怀国、刘霞辉:《高质量发展的动力、机制与治理》,《经济研究》2020 年第 4 期。

周文、刘少阳:《平台经济反垄断的政治经济学》,《政治经济学季刊》2021 年第 1 期。

王小鲁、樊纲、刘鹏:《中国经济增长方式转换和增长可持续性》,《经济研究》

2009 年第 1 期。

董敏杰、梁泳梅：《1978—2010 年的中国经济增长来源：一个非参数分解框架》，《经济研究》2013 年第 5 期。

庄毓敏、储青青、马勇：《金融发展、企业创新与经济增长》，《金融研究》2020 年第 4 期。

唐松、伍旭川、祝佳：《数字金融与企业技术创新——结构特征、机制识别与金融监管下的效应差异》，《管理世界》2020 年第 5 期。

易信、刘凤良：《金融发展、技术创新与产业结构转型——多部门内生增长理论分析框架》，《管理世界》2015 年第 10 期。

侯建新：《圈地运动与土地确权——英国 16 世纪农业变革的实证考察》，《史学月刊》2019 年第 10 期。

何传启：《第二次现代化理论与中国现代化》，《世界科技研究与发展》1999 年第 6 期。

荣兆梓：《社会主义基本经济制度新概括的学理逻辑研究》，《经济学家》2020 年第 4 期。

赵蓓文：《转型国家外国直接投资的宏观经济效应——关于俄罗斯、中东欧八国和中国的比较》，《世界经济研究》2009 年第 8 期。

李治国、唐国兴：《资本形成路径与资本存量调整模型——基于中国转型时期的分析》，《经济研究》2003 年第 2 期。

张成思：《金融化的逻辑与反思》，《经济研究》2019 年第 11 期。

蔡明荣、任世驰：《企业金融化：一项研究综述》，《财经科学》2014 年第 7 期。

苏治、方彤、尹力博：《中国虚拟经济与实体经济的关联性——基于规模和周期视角的实证研究》，《中国社会科学》2017 年第 8 期。

邱泽奇、张樹沁、刘世定等：《从数字鸿沟到红利差异——互联网资本的视角》，《中国社会科学》2016 年第 10 期。

谢富胜、吴越、王生升：《平台经济全球化的政治经济学分析》，《中国社会科学》2019 年第 12 期。

周文、韩文龙：《平台经济发展再审视：垄断与数字税新挑战》，《中国社会科学》2021 年第 3 期。

周丹：《社会主义市场经济条件下的资本价值》，《中国社会科学》2021 年第 4 期。

王海霞：《如何构建和谐的企业劳资关系》，《人民论坛》2018 年第 20 期。

唐跃军、左晶晶：《创业企业治理模式——基于动态股权治理平台的研究》，《南开管理评论》2020 年第 6 期。

刘伟、陈彦斌:《"两个一百年"奋斗目标之间的经济发展:任务、挑战与应对方略》,《中国社会科学》2021 年第 3 期。

李实:《中国特色社会主义收入分配问题》,《政治经济学评论》2020 年第 1 期。

王春正等:《我国共同富裕道路问题研究》,《全球化》2015 第 1 期。

邓大松、张怡:《社会保障高质量发展:理论内涵、评价指标、困境分析与路径选择》,《华中科技大学学报(社会科学版)》2020 年第 4 期。

杨晃、杨朝军:《基于房价和租金 视角的中国住宅不动产泡沫研究》,《管理现代化》2021 年第 5 期。

Paul, B., Emi, N. Jón, S., "When did growth begin? New estimates of productivity growth in England from 1250 to 1870", NBER Working Paper, No.w28623, 2021.

中国美国商会:《中国商业环境调查报告》,2022 年 3 月 8 日,见 https://www.amchamchina.org/wp-content/uploads/2022/03/AmCham-China-2022-China-Business-Climate-Survey-Report.pdf。

视频索引

　　本书视频摘自人民出版社制作的"深入学习贯彻党的二十大精神"学习辅导系列视频课之《中国式现代化与共同富裕》与《加快构建新发展格局　着力推动经济高质量发展》，视频课主讲人为本书作者张占斌教授。

中国式现代化与中国的现代化是什么关系　/ 003

中国式现代化与中国式现代化道路是什么关系　/ 006

中国式现代化与全面建设社会主义现代化国家
　　是什么关系　/ 007

中国式现代化的内涵　/ 013

后　记

　　这本书稿，是在人民出版社有关领导和编辑的引领和帮助下完成的。没有人民出版社领导和编辑的催促，这项工作可能很难完成。因此，要特别感谢！

　　这本书稿，是我研究思考中国式现代化的一个重要阶段性成果，是学习阐释中国式现代化理论与实践的初步探索。得益于许多领导和专家、朋友的帮助，铭记于心。有许多不足之处，敬请读者批评指正。

张占斌

2023 年 6 月 30 日

总 策 划：王　彤
策划编辑：陈　登　徐媛君　冀红梅
责任编辑：徐媛君　王雨晴
封面设计：石笑梦

图书在版编目（CIP）数据

中国式现代化与高质量发展/张占斌 著 . — 北京：人民出版社，2023.11
　（2024.7 重印）
ISBN 978 - 7 - 01 - 025910 - 9

I. ①中… 　II. ①张… 　III. ①现代化建设 - 研究 - 中国
　②中国经济 - 经济发展 - 研究 　IV. ① D61 ② F124

中国国家版本馆 CIP 数据核字（2023）第 164141 号

中国式现代化与高质量发展
ZHONGGUOSHI XIANDAIHUA YU GAOZHILIANG FAZHAN

张占斌　著

人民出版社 出版发行
（100706　北京市东城区隆福寺街 99 号）

北京中科印刷有限公司印刷　新华书店经销

2023 年 11 月第 1 版　2024 年 7 月北京第 4 次印刷
开本：710 毫米 ×1000 毫米 1/16　印张：12.75
字数：141 千字

ISBN 978 - 7 - 01 - 025910 - 9　定价：40.00 元

邮购地址 100706　北京市东城区隆福寺街 99 号
人民东方图书销售中心　电话（010）65250042　65289539